PYROSCAPHES

DE LA GARONNE.

VÉLOCES - INEXPLOSIBLES - FUMIVORES.

Société en Commandite par Actions

pour

LE TRANSPORT ACCÉLÉRÉ

des

VOYAGEURS ET DES MARCHANDISES.

A. G. M. Suriray de la Rue, Directeur,
J. Despin et Charles Dietz, Ingénieurs.

Bordeaux.

PYROSCAPHES

DE LA GARONNE,

VÉLOCES, INEXPLOSIBLES ET FUMIVORES.

Société en Commandite

PAR ACTIONS,

POUR

LE TRANSPORT ACCÉLÉRÉ

des

VOYAGEURS ET DES MARCHANDISES

ENTRE

BORDEAUX & TOULOUSE.

A. G. M. Suriray de la Rue, Directeur;
J. Despin et Charles Dietz, Ingénieurs.
A BORDEAUX.

Bordeaux, le

Monsieur,

Chargés de l'émission des Actions de l'Entreprise des Nouveaux Bateaux à Vapeur, dits **PYROSCAPHES DE LA GARONNE,** Véloces, Inexplosibles et Fumivores, — nous prenons la liberté de vous en adresser le Prospectus imprimé, que nous soumettons à votre examen.

Cette affaire, qui a été étudiée avec soin et conscience, offre selon nous des chances certaines d'un large succès sous le rapport industriel et financier.

Nous croyons donc pouvoir vous la recommander en toute confiance comme un très-bon placement de fonds — puisque nous nous y intéressons personnellement pour une somme assez importante.

Le caractère honorable, l'expérience administrative du Directeur-Gérant, et l'habileté reconnue des deux Ingénieurs chargés de la construction des Pyroscaphes, nous sont d'ailleurs de sûrs garants que vous n'aurez qu'à vous féliciter de participer à cette entreprise, qui réalisera un grand progrès dans la Navigation fluviale à la Vapeur.

Vous remarquerez que les 800 premières actions jouissent d'une prime assez élevée.... Nous vous engageons donc à nous faire parvenir votre Souscription au plutôt pour être compris dans le nombre des Actionnaires privilégiés.

Les Actions sont de 500 francs — nominatives ou au porteur, au choix des Souscripteurs.

Le versement du prix des Actions n'aura lieu qu'un mois après la constitution de la Société confirmée par délibération de la première assemblée générale, qui sera convoquée à cet effet ainsi que pour élire, parmi les Actionnaires, les Commissaires surveillants de l'Entreprise.....

Dans l'attente de vos ordres nous vous prions Monsieur
d'agréer l'assurance de notre considération distinguée.

(J. Lemarchand-Ladonne-Liebholdt & Cie, Banquiers.)

PYROSCAPHES

DE LA GARONNE,

VÉLOCES - INEXPLOSIBLES - FUMIVORES.

~~~~❦~~~~

AVANT-PROPOS.

Dans les mois de septembre et d'octobre de l'année 1841, plusieurs opuscules ont été publiés à Bordeaux, concernant les bateaux à vapeur qui naviguent sur la Garonne; il résulte de cette polémique entre *M. Tremtsuk*, ingénieur civil, et *M. Ducros*, directeur des bateaux les *Garonne* :

1° Que les bateaux circulant actuellement entre Bordeaux et Agen ont en général peu de *stabilité* ;

2° Que leur *tirant-d'eau* est un obstacle à la navigation sur Agen pendant les basses eaux ;

3° Que la puissance de leurs machines soit à *haute*, soit à *basse* pression, leur permet à peine de monter de Bordeaux à Agen en 16 heures *(dans les circonstances les plus favorables)* ;

4° Enfin, que les réparations fréquentes de leurs machines, occasionnant des chômages prolongés, empêchent toute régularité dans le service (1).

M. Tremtsuk pense que : « la navigation de la Garonne par la vapeur est pour
» le midi de la France d'une si haute importance, que la solution du problème
» *d'une très-grande vitesse et d'une* TRÈS-GRANDE RÉGULARITÉ *dans les transports*,
» serait une véritable régénération, — mais qu'il est nécessaire de discuter le
» mérite des systèmes offerts pour en préparer le succès ou en signaler les

---

(1) « Il est rare *(dit M. Tremtsuk)* de voir fonctionner ces machines huit jours consécutifs. *Éclair* et *Garonne* ont besoin de repos au moins un jour par semaine, et il ne se passe pas d'année sans que tous ces bateaux soient arrêtés plusieurs mois. » *(Observations générales sur l'exploitation de la Garonne au moyen,* etc., p. 12.)

» défauts;—que ce devoir est d'autant plus impérieux qu'il s'agit d'un précédent
» de nature à exercer une longue et durable influence sur le développement
» matériel des contrées que baigne la Garonne au-dessus de Marmande. »

Cet Ingénieur n'est point partisan des machines à *haute pression*, à six atmosphères sans détente : elles dépensent trop de combustible et sont trop difficiles à
entretenir en bon état. Il propose de les remplacer dans la navigation par les machines à *moyenne pression* qui n'emploient pas la vapeur à une tension au-delà
de quatre atmosphères. Ces considérations (et d'autres qu'il est inutile de rela-
ter ici) le portent à faire la critique des *Éclair* et des *Garonne*......

M. Ducros, directeur des *Garonne*, critique à son tour les machines à *basse
pression* dont la plupart des bateaux de la Compagnie centrale sont armés. Il re-
proche à ces bateaux la *lenteur* de leur marche et leur trop grand *tirant-d'eau*.
—Enfin, *M. Ducros* est d'avis « que les opérations de bateaux à vapeur, si elles
» n'étaient montées et dirigées que par les constructeurs eux-mêmes, exciteraient
» entre eux seulement une rivalité éclairée, qui amènerait les résultats les plus
» favorables à l'intérêt général ; entre eux il n'y aurait d'autre assaut que celui
» de l'économie dans l'obtention de la vapeur, de la vitesse dans la marche des
» bateaux et de la solidité des machines : nous ne verrions pas alors, dit-il, l'af-
» fligeant spectacle de cette lutte de prix *(au rabais)* que l'on peut qualifier à
» bon droit d'*assassinat industriel*. » (1).

M. Tremtsuk termine son opuscule du 24 septembre par ces paroles : « Rive-
» rains de la Garonne, propriétaires, marchands, cultivateurs! vous tous sur
» qui repose l'avenir de l'association en France, faites-vous éclairer par des hom-
» mes spéciaux qui, par devoir, sont chargés de diriger l'industrie dans les voies
» où elle s'engage, et *vous n'accorderez votre confiance qu'au système qui réali-
» sera véritablement les progrès que vous attendez dans la navigation à vapeur*. »

M. Ducros, dans son écrit du 20 octobre, adressé à *M. Tremtsuk*, s'exprime
ainsi : « Faisons des vœux pour que les voyageurs et les riverains, mieux péné-
» trés de leurs véritables intérêts, donnent tout leur concours à la concurrence
» *alors qu'elle est faite dans un but évident de progrès et d'améliorations*. »

MM. Tremtsuk et *Ducros*, si bien placés tous deux pour recueillir les faits et
connaître les besoins de la navigation du fleuve, sont ainsi, en quelque sorte, les
précurseurs de la Société des *Pyroscaphes*, « *qui réalisera véritablement les pro-
» grès* » pour lesquels ils ont uni leurs vœux.

---

(1) RÉPONSE de *M. J. Ducros*, du 20 octobre 1841, p. 6.

EXPOSÉ PRÉLIMINAIRE.

« Nous avons compris la nécessité de raviver
l'esprit d'association prêt à s'éteindre, et de rappeler
les capitaux vers les grandes entreprises , au succès
desquelles se lie intimement la prospérité publique....
Ce ne sont pas les capitaux qui manquent à l'industrie, mais la confiance qui manque aux capitaux. »

M. Gustave de Beaumont.
(*Chambre des Députés* , séance du 30 Mai 1840.)

Les *Pyroscaphes de la Garonne* sont destinés « au transport accéléré des voyageurs et
» des marchandises entre Bordeaux et Agen, *et ultérieurement jusqu'à Toulouse, s'il y*
» *a lieu.* » C'est avec cette prudente réserve que nous nous sommes exprimés, dans
l'article 1ᵉʳ des statuts de cette entreprise, malgré notre conviction de la puissance des
perfectionnements constructifs et mécaniques que nous emploierons.

En annonçant, de prime abord et d'un ton affirmatif, pour frapper l'imagination, une
navigation à la vapeur, rapide et régulière en toutes saisons, jusqu'à Toulouse, nous
eussions fait une promesse inconsidérée ou fallacieuse. Car, si nous n'avions point vu
la Garonne, entre Toulouse et le confluent du Tarn, se diviser en plusieurs endroits
parmi nombre d'îles, partager ses eaux dans plusieurs bras étroits, contournés, peu
profonds et d'une pente rapide, — nous aurions, du moins, pris en considération, pour
restreindre (provisoirement) notre élan de navigation, ce que l'Administration des ponts-
et-chaussées a dit aux Chambres, dans son rapport général, à l'égard des travaux de la
Garonne. « Ce fleuve (disent MM. les Ingénieurs), qui joue un si grand rôle dans la navi-
» gation du midi, et qui doit compléter la ligne de jonction des deux mers, a, dans les
» départements de la Haute-Garonne et de Tarn-et-Garonne, *un régime qui participe*
» *de la nature des torrents.* Dans cette partie, il est peu probable que l'on puisse réussir
» à fixer et à régulariser le lit du fleuve d'une manière permanente (1). » Aussi, dans ce
compte-rendu, ne trouve-t-on aucune trace de travaux, en exécution ni en projet, pour
les 87 kilomètres de développement du cours de la Garonne entre le Tarn et Toulouse.

La locomotive à vapeur a pour caractère essentiel une vélocité très-supérieure à celle
de tout autre moyen de transport sur terre et sur l'eau. Il ne faudrait pas construire des
chemins de fer si l'on ne devait pas y être voituré trois ou quatre fois plus vite que dans

---

(1) Pag. 224 du rapport sur la situation des travaux au 31 Décembre 1841.

les messageries ou les malles-postes. Se servir de la force dispendieuse de la vapeur pour transporter des voyageurs dans des bateaux qu'il faudrait (comme sur certaine rivière) faire haler souvent péniblement par des hommes ou des bœufs, ne serait-ce pas un contre-sens en mécanique et en spéculation financière?

Nous ne voulons pas inférer de la citation du *compte-rendu* des ponts-et-chaussées que, dans certaines circonstances favorables des saisons, l'on ne puisse pas faire remonter un bateau à vapeur dans la Garonne, au-dessus de l'embouchure du Tarn, jusqu'à Toulouse ; mais nous disons qu'une expérience de ce genre ne peut être considérée — dans l'état où restera le fleuve — que comme une expérience de physique-mécanique, et non comme la démonstration de la possibilité d'établir, *immédiatement*, un service de transport (pour les voyageurs) qui soit *régulier, assez rapide, assez économique* POUR DONNER DES BÉNÉ-FICES. Nous osons donc affirmer qu'on n'obtiendra pas ce résultat complexe avec les bateaux de l'*échantillon* qu'on a vu jusqu'à présent sur la Garonne et ailleurs..... Si ce problème peut être résolu — *avec profit*, — ce ne sera qu'au moyen des combinaisons de structure et de mécanisme qui distingueront les *Pyroscaphes*.

Il ne faut pas oublier, dans la question de navigation à vapeur, qu'on ne doit pas cher-cher des succès mécaniques — purement scientifiques — *à tout prix* — (ce serait viser à l'idéal), mais qu'il faut obtenir des succès qui se *matérialisent* en profit métallique, parce que c'est la sanction la plus logique d'une affaire industrielle.

Laissons donc, pour le moment, le problème de la navigation à vapeur sur la Haute-Garonne ; nous pouvons cependant, dès-à-présent, promettre — d'après des données certaines (1) — que les *Pyroscaphes* pourront — DANS LA MÊME JOURNÉE — remonter jusqu'à *Moissac*. Ce sera avoir fait dans cette ligne un pas immense, dont les avantages financiers seront considérables.

Le nombre des voyageurs s'augmente proportionnellement à l'accroissement de vitesse des véhicules et à l'allongement des lignes de parcours, qui rapprochent, pour ainsi dire, les populations d'un plus grand nombre de localités éloignées éprouvant le besoin d'en-tretenir ou de former des relations industrielles et commerciales, faciles et actives. Il y a vingt-cinq ans, lorsque les premiers bateaux à vapeur commencèrent à sillonner la Garonne vers Langon, en choisissant, d'ordinaire, le mouvement favorable de la marée (2) ; lorsqu'ensuite ils s'avancèrent timidement à la Réole et, plus tard, lentement, jusqu'à Marmande, on ne pouvait prévoir, au début de ce nouveau système de transport, la pro-gression immense selon laquelle se multiplieraient les voyageurs sur cette ligne fluviale, qui n'était guère fréquentée auparavant que par les bateliers voiturant les marchandises. La recette *totale* faite par les bateaux à vapeur circulant entre Bordeaux et Agen a été de 624,237 francs en 1840, et elle s'est élevée à 736,363 francs en 1842. Le mouve-ment s'est augmenté aussi sur la grande route parallèle à la Garonne et voisine des esca-les principales des bateaux à vapeur. Il faut là, et surtout au bout supérieur de la ligne

(1) Nous avons puisé ces *données* ou renseignements incontestables, dans les *Comptes-rendus* de l'Administration générale des ponts-et-chaussées, qui ont été distribués aux Chambres.

(2) C'est le consul anglo-américain, *M. Church*, qui fit naviguer entre Bordeaux et Langon, en 1818, le premier bateau à vapeur, construit en bois et qui fut nommé *la Garonne*.

de navigation, que les voyageurs se concentrent ou se dispersent selon les directions transversales à la grande vallée du fleuve.

Sur la recette totale de 1840, dont nous venons de donner le chiffre, un seul bateau, *la Picardie* (construit par M. Dietz) a encaissé, pour sa part (d'après les relevés pour la perception de l'impôt indirect), la somme de 93,000 francs : PARCE QUE *ce bateau offrait aux voyageurs plus de stabilité, de comfort et de vitesse.........* (1)

Les bateaux à vapeur ont monté plus haut, à mesure que les travaux exécutés sous la direction des Ingénieurs du Gouvernement ont modifié le cours de la Garonne : son lit a été resserré en le régularisant; sa pente a été répartie d'une manière plus uniforme, en abaissant les *seuils* des passes où l'eau n'offrait pas une profondeur suffisante. Si le régime fluvial s'est beaucoup amélioré, le régime constructif et mécanique des bateaux à vapeur n'a pas fait de grands progrès. Les petits bateaux ont conservé de faibles machines qui sont cependant trop lourdes; les grands bateaux n'ont pas eu leur calaison suffisamment diminuée pour acquérir une vitesse proportionnée à la force de leurs machines de 40 à 50 *chevaux-vapeur.* Ces bateaux ne peuvent parcourir, en remontant, les 38 lieues de distance de Bordeaux à Agen, qu'en *seize ou dix-huit heures.*

Nous n'avons pas voulu — et pour causes — adopter les errements vulgaires, reproduire les mêmes combinaisons imparfaites, et donner, sans preuves, les mêmes espérances....., Notre projet n'est pas un jeu de l'imagination destiné à produire encore de fâcheuses déceptions. Nous avons, au contraire, calculé minutieusement les *conditions* d'un très-grand progrès, tant pour les *formes* et les dimensions de la coque des *Pyroscaphes,* que pour les combinaisons *organiques* et la puissance de leur moteur. L'immense circulation des voyageurs et le grand mouvement de la marchandise sur la Garonne, sont aussi des faits si notoires et d'une telle évidence que nos évaluations statistiques, si modérées, ne sont contestables par aucun argument solide. Notre projet, enfin, est susceptible d'être démontré mathématiquement aux hommes spéciaux, et les actes qui le formulent ont été l'objet des plus sérieuses méditations.

Si la navigation à la vapeur n'a pas atteint jusqu'ici la perfection qu'on peut désirer, il faut en chercher la cause principale dans le poids trop considérable des machines qu'on est obligé d'employer pour obtenir un certain degré de vélocité. Or, les bateaux armés de fortes machines exigent un *tirant-d'eau* que la plupart de nos fleuves ne peuvent toujours fournir; d'où il résulte que cette navigation est lente quand les machines sont faibles, et lorsqu'elles sont fortes, la circulation ne peut avoir lieu que dans des limites trop resserrées, ou bien même se trouve interrompue durant une grande partie de l'année.

Pour remédier à ces graves inconvénients et rendre plus facile, plus rapide, plus

(1) Recettes, en 1840, des diverses compagnies de bateaux à vapeur navigant entre Bordeaux et Agen :

Compagnie — Centrale...........	448,437 fr. 90 c.	
— Anonyme...........	56,896	00
— Les Garonne.....	50,229	65
— Papin.............	5,509	50
— Courrège...........	10,156	95
— La Picardie.......	93,037	25

624,237 fr. 05 c.

étendu et continuel le transport des voyageurs et des marchandises sur la Garonne, il fallait faire une combinaison de formes, de dimensions et de construction de bateau, de moindre tirant-d'eau, avec une organisation de machine à vapeur à la fois d'une grande puissance et du moindre poids qu'il fût possible de concilier avec la solidité nécessaire, l'économie de combustible et la sécurité désirables.

Les Ingénieurs, MM. *Dietz* et *Despin*, en unissant leurs méditations et leurs calculs basés sur les faits d'une longue expérience des constructions navales et mécaniques; en ajoutant aux perfectionnements déjà obtenus dans la navigation à la vapeur, les améliorations importantes dont ils se sont assuré la propriété par brevet, sont parvenus à la conviction d'avoir résolu ce beau problème de navigation fluviale qui leur avait été posé par M. *Suriray de la Rue*.

Il y a lieu de penser que le meilleur moyen d'assurer, immédiatement et dans l'avenir, la prospérité de la navigation à la vapeur sur la Garonne, est d'intéresser à son succès le plus grand nombre de personnes possible, en constituant une Société en commandite par actions, pour placer ainsi cette entreprise sous la protection et le patronage, en quelque sorte, des habitants de toutes les villes dont elle a pour objet de faciliter et d'améliorer les communications.

C'est avec la conviction la plus intime du succès infaillible d'une telle entreprise, conviction puisée dans la connaissance parfaite de ses éléments; c'est avec les conseils d'hommes dès long-temps versés dans les affaires industrielles et imbus des idées d'ordre et d'économie qu'elles exigent; c'est enfin après vingt années de pratique dans la gestion d'établissements importants, que M. *Suriray de la Rue* pour réaliser la société en commandite dont on vient de parler, s'est assuré d'avance, par un traité, du concours de MM. *Dietz* et *Despin*, comme constructeurs et inspecteurs des *Pyroscaphes*.

ACTES SOCIAUX.

La Société des *Pyroscaphes*, VÉLOCES INEXPLOSIBLES ET FUMIVORES, est fondée sur trois actes combinés d'une façon nouvelle et normale.

1° Un *Devis* de la *coque* et des machines du *Pyroscaphe* n° 1, dressé par *MM. Despin* et *Dietz*, approuvé par *M. A. G. M. Suriray de la Rue*, est écrit en triple expédition (enregistré), et accompagné de plans visés et paraphés. — Cet acte, qui renferme les détails des *formes* et procédés de construction qui sont la propriété des ingénieurs dans leurs spécialités respectives, n'est pas livré à la publicité, mais sa substance est insérée dans l'acte indiqué ci-après;

2° *Traité* ou marché notarié (par M° *Darrieux*, le 10 avril 1843), consenti (*solidairement*) par *MM. Despin*, constructeur-naval, et *Charles Dietz*, ingénieur-mécanicien, pour fournir à *M. A. G. M. Suriray de la Rue* (agissant comme *directeur* de la compagnie de navigation qu'il va former) des *Pyroscaphes* construits *en fer* selon des conditions supérieures à celles qu'on a vues jusqu'ici sur la Garonne. — Ce traité contient (en 22 articles) les formalités de réception du 1er *Pyroscaphe*, avec les époques de paiement de son prix; les conditions de *position* et de *fonctions* des deux ingénieurs dans la Société des *Pyroscaphes*. Ce marché a aussi pour objet d'assurer à cette Société la jouissance exclusive de tous les avantages que *MM. Despin* et *Dietz* doivent donner à la navigation fluviale à la vapeur, par des moyens de leur invention, et pour lesquels *M. Dietz*, en ce qui le concerne, déjà breveté, a obtenu, à la date du 27 octobre 1841, un brevet d'addition et de perfectionnement, *ou par tous autres moyens que* MM. *Despin et* Dietz *pourraient découvrir ultérieurement.*

Ces avantages, qui consistent dans une diminution notable du poids des machines et du tirant-d'eau, et dans une augmentation importante du degré de vélocité, ont pour but principal d'assurer sur la Garonne un service régulier, prompt et continu, pour le transport des voyageurs et des marchandises.

En conséquence, et pour atteindre ce but, les dispositions constitutives de la société des *Pyroscaphes de la Garonne* (Raison : *A. G. M. Suriray de la Rue*) ont été arrêtées dans un acte authentique, retenu par Me *Darrieux* à Bordeaux.

3° Les *statuts* sociaux — signés par MM. *A. G. M. Suriray de la Rue*, *J. Despin*, *Ch. Dietz* — sont formulés en 98 articles classés en **XII TITRES**, dont voici l'intitulé :
Titre 1er. *Fondation, but, siége de la Société.*
— II. *Fonds social.— Actions.*
— III. *Constitution de la Société.— Droits des Actions.*
— IV. *Revenus.— Fonds de réserve.—Répartitions.*
— V. *Du Directeur-Gérant : — Ses fonctions et ses devoirs.*
— VI. *Cautionnements et droits du Fondateur et des Ingénieurs.*
— VII. *Remplacement du Directeur.*
—VIII. *Décès des Ingénieurs.*
— IX. *Assemblées générales.*
— X. *Commission de surveillance.*
— XI. *Prolongation.— Dissolution.— Liquidation.*
— XII. *Dispositions générales.*

Donner ici l'analyse de ces Statuts, ce serait inutile pour ceux qui les connaissent et insuffisant pour ceux qui les ignorent. Nous appelons seulement l'attention de nos lecteurs sur quelques-unes des dispositions les plus importantes.

ARTICLE 3.

Les associés commanditaires ne seront engagés que jusqu'à concurrence du montant de leurs actions; ils ne pourront jamais être soumis à aucun appel de fonds, ni à aucun rapport de dividendes ou d'intérêts, régulièrement distribués conformément aux Statuts et aux délibérations des assemblées générales.

ARTICLE 4.

La durée de la Société est fixée à vingt-cinq ans, qui commenceront à courir du jour où elle sera constituée. Elle pourra être prolongée par une décision de l'assemblée générale des actionnaires.

ARTICLE 9.

Les actions ne seront délivrées aux souscripteurs que contre le versement d'un capital égal, conséquemment à leur souscription, et dans le délai d'un mois après l'assemblée générale qui aura reconnu la constitution de la Société, conformément à l'art. 18 des statuts.

Voici la substance des principaux articles du *Titre III*, sur les *droits des actions :* (1)

La première émission d'actions est fixée au nombre de deux mille.— La Société sera constituée par la souscription des 600 premières actions (de 500 francs).

Chacune des huit cents premières actions jouira, comme prime, *pendant toute la durée de la société* (25 ans), *de six voyages annuels gratuits* de Bordeaux à Agen (ou *vice versâ*), dans la salle des premières places des *pyroscaphes.* Ces six voyages seront représentés par 48 coupons *au porteur,* valables pour le trajet intermédiaire des huit principales escales.

Les 200 actions numérotées de 801 à 1,000 auront droit annuellement à quatre voyages semblables dans la première chambre ; et les 200 actions numérotées de 1001 à 1200, à quatre voyages annuels dans la deuxième chambre des *pyroscaphes.*

Ces 1,200 actions donneront encore à leurs possesseurs le droit de détacher un nombre égal d'actions *au pair,* dans les émissions subséquentes, parmi les actions *sans primes de voyages.*

Les 48 *bons* négociables, qui représenteront les six voyages aux premières places, vaudront *soixante francs,* selon le tarif actuel du transport des voyageurs sur les bateaux à vapeur de la Garonne.

L'intérêt des actions est fixé à 5 pour cent, payable par semestre ; elles ont droit en outre aux dividendes annuels.

En cas de perte d'une action nominative, le propriétaire remplira les formalités prescrites dans l'article 17 des statuts, pour obtenir un nouveau titre par *duplicata.*

———

Les deux Ingénieurs — et le Directeur–Gérant — seront cautionnés en actions de la Société, contre versements *en numéraire.* Leurs cautionnements, qui ne forment d'abord qu'une somme de 55,000 francs, s'élèveront ultérieurement à *cent mille francs.*

———

« *Les statuts sociaux seront imprimés* en substance *sur les actions, et un exemplaire* textuel *sera délivré avec chaque titre d'action* » (art. 94), afin qu'il en soit comme inséparable et que tous les actionnaires aient une parfaite connaissance de la charte qui régit leurs intérêts.

———

Le siége de la société est fixé à Bordeaux.

———

PYROSCAPHE.

Notre *pyroscaphe* n° 1 (de 55 mètres de longueur sur 5 et demi de largeur), dont toutes les parties de la construction et du mécanisme sont combinées et calculées pour qu'il n'ait qu'un *tirant-d'eau* de 66 centimètres *lorsqu'il sera chargé de 550 voyageurs,*

---

(1) Les actions sont *nominatives* ou *au porteur,* à la volonté des souscripteurs.

fera certainement, dans les plus basses eaux de l'année, le service de Moissac sans interruption; car les passages les plus difficiles de la Garonne, sur cette ligne de 200 kilomètres, et qui n'avaient pas 50 centimètres de profondeur pendant l'étiage, ont actuellement 1 mètre, ou davantage, par suite des grands travaux d'endiguement et de dragage auxquels le Gouvernement emploie plus d'un million chaque année depuis six ans (1).

Suivant le *gabarit* du *Pyroscaphe*, détaillé dans le devis des Ingénieurs et fixé dans leur marché, le *déplacement* pour 27 millimètres au-dessus de la ligne de flottaison (50 centimètres) sera de 6,363 kilogrammes : soit l'équivalent du poids moyen de 90 voyageurs, (bagage compris). Ainsi, chaque charge de 2,357 kilogrammes (ou 2 tonneaux un tiers) augmentera d'un centimètre seulement la calaison du *Pyroscaphe*.

Les machines sont à moyenne pression (4 atmosphères), à détente variable et à condensation (2). Dans cette combinaison mécanique, la vapeur s'introduit dans le cylindre pendant une partie de la course du piston — au quart par exemple — et le reste de la course s'achève par l'expansion de la vapeur. C'est un procédé fort économique.

Deux machines jumelles, de la force *chacune* de 60 à 70 chevaux, agissent simultanément sur des manivelles, disposées à angle droit, qui donnent le mouvement à des roues à aubes de 5^m de diamètre. Les pelles, au nombre de 14, ont chacune 2^m 40^c de longueur; la surface de deux pelles plongées dans l'eau égale à très-peu près l'aire de résistance du bateau au *maître-couple*.

La roue devant faire 34 tours par minute, la vitesse du centre des pelles sera de 7 lieues à l'heure. La largeur du bateau étant de 5^m 50^c et son tirant-d'eau avec 350 voyageurs de 0^m 60^c, la surface plongée au maître-couple (sans avoir égard aux formes) sera de 3^{mm}, 30^{dd} carrés.

La force employée par chaque mètre carré de l'aire de résistance au maître-couple, sera par conséquent de 36 *chevaux-vapeur* (la force des machines étant de 120 seulement), d'où il suit que chaque *cheval-vapeur* n'aura à traîner que 0^{mm}, 0275 de la surface du maître-couple. — *Nous pouvons affirmer qu'aucun bateau connu ne se trouve dans des conditions de vitesse aussi favorables* : on en verra la preuve dans le TABLEAU COMPARATIF DES CONDITIONS ET QUALITÉS DE PLUSIEURS BATEAUX A VAPEUR BIEN CONNUS.

Les proportions de longueur et de largeur ainsi que les courbes de la *carène* des *pyroscaphes* sont analogues à celles des *Bateaux-rapides* (dits *Bateaux-poste*) du canal de l'Ourcq — qui ont été construits par *M. Despin*.

Les *pyroscaphes* auront certainement bien plus de *stabilité* que les bateaux à vapeur moins larges, qui sont si *volages*.

Les eaux de la Garonne sont souvent très-limoneuses. Une combinaison d'appareils permettra d'alimenter les chaudières uniquement avec de l'eau distillée : moyen de conservation et de sécurité.

(1 Voyez les *comptes rendus* par l'administration des ponts-et-chaussées. Paris. Imprimerie royale, in-4°; juin 1840; avril 1843.

2. Dans le langage technique des machines à vapeur, on appelle *atmosphère* une pression (ou expansion élastique de la vapeur, équivalente à 1 kilogramme et 33 millièmes (ou grammes) sur chaque centimètre carré de la surface du piston.

Tout le monde comprendra combien la suppression de la cheminée sera agréable (et même *profitable*) aux voyageurs des *pyroscaphes*.....

Avant de présenter nos évaluations statistiques, il est utile de faire remarquer — comme base avantageuse de l'entreprise des *pyroscaphes* — à quel prix modique les ingénieurs ont établi leurs devis de la coque et de la machine en ne portant ce prix total qu'à 190,000 fr. Prenons pour comparaison la machine : on sait que la force de 120 chevaux est cotée 150,000 fr. sur les tarifs imprimés des constructeurs *Pauwels* ou *Cavé*. — *M. Ch. Dietz*, lui-même, sur son tarif, *pour tout le monde*, a fixé le prix à 130,000 fr. S'il a réduit en cette occasion son prix d'environ 24 pour cent, c'est à cause des avantages *permanents* dont il jouira dans la Société des *Pyroscaphes*. Le même motif a dirigé *M. Despin* dans l'établissement de son devis de la coque, comparativement aux prix de tous les autres constructeurs.

La question du prix des Pyroscaphes est assez importante pour que nous donnions ici quelques renseignements, qui serviront de points de comparaison, et qui montreront combien *MM. Dietz* et *Despin* sont modérés dans le prix auquel ils établissent leurs constructions.

La machine de 60 chevaux, pour bateaux à vapeur, est cotée à 94,000 fr. sur les tarifs de **MM.** Pauwels et Cavé, à Paris.

L'*Aigle*, construit en fer par M. Cavé, pour M. Biscuit, à Paris, et qui est allé naviguer, en 1840, sur le Rhin, a 48 mètres de longueur, sur 3 mètres 57 centim. de largeur ; sa machine n'a que quarante chevaux-vapeur, et il a coûté environ 142,000 fr.!

Le *Léman*, navigant sur le lac de Genève : longueur, 36 mètres ; largeur, 6^m 70^c ; force, 60 chevaux. Prix : 302,366 fr. (Voir le journal l'*Industriel*, de MM. Perdonnet, Flachat et Burat. — *Septembre* 1837, p. 35).

L'*Eclair* n° 1 (dit le *grand éclair*) navigant sur la ligne de Bordeaux à Agen, a sa coque de 52^m sur 3^m 57^c de largeur et 2^m 36^c de *creux*. Son appareil moteur a, *dit-on*, une force de 60 chevaux, mais l'on peut en douter puisqu'il met souvent plus de 10 heures pour descendre d'Agen (38 lieues), lorsque les bateaux armés de plus faibles machines font ce trajet en huit heures et demie. — Le tirant-d'eau de ce bateau (à vide) est de 0^m 80^c. Il a été vendu à la Compagnie-centrale *cent quarante-cinq mille francs !*

Les réparations des bateaux à vapeur doivent être promptes, bien entendues et faites avec économie. Ce sera donc un avantage inestimable pour la Société des *Pyroscaphes* de conserver les deux Ingénieurs, comme *inspecteurs perpétuels* des bateaux et des machines, et directeurs des réparations qui pourront être nécessaires dans le cours du service : car c'est du vigilant et minutieux entretien des machines à vapeur que dépend leur durée et la conservation intégrale de leur force.

STATISTIQUE DES RECETTES.

Transport des Voyageurs.

Pour un service complet bien organisé il faudra que tous les jours un *Pyroscaphe* monte de Bordeaux à Moissac et qu'un autre descende de Moissac à Bordeaux. — Le troisième Pyroscaphe restera en disponibilité comme *remplaçant* ou auxiliaire, afin que la circulation sur la ligne fluviale ne puisse jamais être interrompue par suite des réparations d'entretien dont les machines auront besoin.

On remarquera dans les deux Tableaux n° 1 et n° 2, du transport des voyageurs montant à Moissac et descendant à Bordeaux, que nous avons supposé beaucoup moins de voyageurs aux premières places qu'aux secondes, et que la série en décroît rapidement en sens inverse de l'accroissement de distance du point de départ aux escales où ces voyageurs doivent débarquer : cette combinaison rationnelle est basée sur l'expérience, ainsi que notre évaluation de la charge totale.

Nous n'avons pas compliqué nos tableaux des chiffres du transport intermédiaire des voyageurs entre les diverses escales de la ligne. Nous n'avons écrit que les départs de Bordeaux pour les points principaux de la ligne ascendante et de Moissac pour les mêmes localités riveraines inférieures, afin de simplifier ainsi nos calculs : ils sont donc moins susceptibles de réductions que d'augmentations dans leurs quotités, puisque nous aurions pu interpoler des nombres que nous négligeons. (Voyez la note sur les *Parcours intermédiaires.*)

Nous avons appliqué à la partie nouvelle de la ligne fluviale, d'Agen à Moissac, *(qui sera le privilége des Pyroscaphes, à cause de leur vitesse supérieure)*, un tarif hypothétique, proportionnel à celui que la coutume a fixé, et que nous adoptons, pour les escales de Bordeaux à Agen. Nous donnons dans les dernières colonnes de nos deux tableaux de mouvement *(comme comparaison de statistique économique)* le tarif correspondant des places de la Diligence qui circule entre Bordeaux et Toulouse — et dont la vitesse n'est pas de douze kilomètres à l'heure........

Nous ajouterons à la recette du transport des voyageurs celle du transport de la marchandise — en l'évaluant à un taux fort modique.

En rédigeant la *Notice sur les Pyroscaphes de la Garonne* (1), dont nous présentons ici un abrégé analytique sous forme de *Prospectus*, nous avons soigneusement cherché à nous garantir de l'accusation de tendance à exagérer les bénéfices probables et les autres avantages de l'entreprise; nous avons donc incliné en sens contraire, comme on le verra. — Après avoir évalué les recettes à un véritable *minimum*, nous porterons l'aperçu des dépenses au *maximum* : de sorte que le bénéfice ou dividende qui ressortira de cette balance devra être admis, non comme une *probabilité*, mais COMME UNE CERTITUDE.

1. In-8° compact, de 86 pages, en caractères *petit-texte* et *nonpareille* (ne se vend pas).

TABLEAU DE LA RECETTE DES PYROSCAPHES.

TRANSPORT DES VOYAGEURS DE BORDEAUX A MOISSAC.

ESCALES DE BORDEAUX A MOISSAC. NOMS	POPULATION des localités RIVERAINES. Habitans.	POPULATION Intermédiaires entre l'escale supérieure et l'inférieure.	Désignation de LA RIVE de CHAQUE escale.	DISTANCE (en kilomètres.) DE Bordeaux	DE Moissac	De chaque point à celui qui précède.	Voyageurs DE BORDEAUX pour CHAQUE ESCALE. 1res PLACES.	2mes PLACES.	TARIF DE BORDEAUX pour CHAQUE ESCALE. 1res PLACES.	2mes PLACES.	Recette DU TRANSPORT des VOYAGEURS. 1res PLACES.	2mes PLACES.	DILIGENCE: PRIX DES PLACES. Coupé.	Intérieur.	Rotonde.
BORDEAUX....	98,705	— 4,925 —	Gauche.	0	203	0	0	0	0f 00c	0f 00c	0f 00c	0f 00c	0f 00c	0f 00c	0f 00c
LANGOIRAN.......	1,542	—15,387 —	Droite..	20	183	20	8	17	1 00	0 50	8 00	8 50	0 00	0 00	0 00
LANGON.........	3,366	5,155	Gauche.	41	164	21	8	17	3 00	1 50	24 00	25 50	4 30	3 80	2 80
LA RÉOLE........	3,931	— 6,993	Droite..	61	144	20	7	15	5 00	2 50	35 00	37 50	6 00	5 00	4 00
MARMANDE....	7,327	— 3,285 —	Droite..	86	119	25	7	15	6 00	3 50	42 00	52 50	9 00	7 00	5 25
TONNEINS........	6,494	— 485 —	Droite..	109	96	23	6	13	7 00	4 50	42 00	58 50	9 10	7 60	6 60
PORT DE PASCAU.	100	427 —	Gauche.	123	82	14	6	13	8 50	5 50	51 00	71 50	0 00	0 00	0 00
PORT Ste-MARIE.	3,079	—1,227 —	Droite..	133	72	10	5	11	8 50	5 50	42 50	60 50	12 40	9 90	8 90
AGEN...........	13,399	»	Droite..	151	54	18	5	11	10 00	7 00	80 00	77 00	15 00	12 50	11 00
LEYRAC..........	2,915	»	Gauche.	158	47	7	4	9	11 25	7 75	45 00	69 75	0 00	0 00	0 00
SAINT-NICOLAS..	651	»	Gauche.	169	36	11	4	9	11 50	7 90	46 00	71 10	0 00	0 00	0 00
LA MAGISTÈRE...	1,935	»	Droite..	174	31	5	3	7	12 50	8 40	37 50	58 80	17 10	14 60	12 10
AUVILLARS........	2,302	»	Gauche.	185	20	11	3	7	13 80	8 90	40 50	62 30	0 00	0 00	0 00
MALAUZE.........	1,231	»	Droite..	196	9	11	2	5	14 25	9 30	28 50	46 50	18 30	15 80	13 80
MOISSAC........	10,618	»	Droite..	205	0	9	2	5	16 00	10 00	32 00	50 00	20 50	17 50	15 50
	137,995	37,834					70	154			324f 00c	749f 93c			

Habitants....... 195,849. **Voyageurs......... 224.** **Recette......... 1,273f 95c.**

OBSERVATIONS.

Entre les 8 escales principales que nous avons choisies jusqu'à Agen pour échelonner nos bons de voyages gratuits (statuts, art. 20), il existe un assez grand nombre d'escales plus ou moins importantes pour la circulation des voyageurs, en échange entr'elles ou avec Bordeaux et l'extrémité supérieure de la ligne fluviale. Voici la nomenclature complète et la population de ces localités riveraines intermédiaires, dont le chiffre est écrit dans la 3e colonne des tableaux de recette.

Entre Bordeaux et Langoiran (Habitants.)
Port-Neuf...........	»
Quinsac.............	1,002
Cambes..............	707
Baurech.............	634
Castres.............	755
Portets.............	1,830
Paillet.............	885
Rions...............	1,316
Podensac............	1,614
Beguey.............	938
Cérons.............	1,373

Total : 4,925

Entre Langoiran et Langon
Cadillac............	1,522
Violle..............	461
Barsac.............	2,896
Ste-Croix-du-Mont	1,126
Preignac...........	2,738
La Garonnelle......	768

Total : 15,387

Entre Langon et La Réole (Habitants.)
Saint-Macaire.......	1,582
Mondiet.............	»
Castets.............	1,182
Caudrot.............	1,307
Barie..............	870
Floudès.............	214

Total : 5,155

Entre La Réole et Marmande
Hure...............	766
Meilhan.............	2,140
Sainte-Bazeille.....	2,708
Couture...........	1,389

Total : 6,993

Entre Marmande et Tonneins
Caumont...........	1,021
Mas-d'Agenais......	2,274

Total : 3,285

Entre Tonneins et le port de Pascau. — Nicole............. 485 | 485
Entre le port de Pascau et le port Ste-Marie — Thouars............ 427 | 427
Entre le port Sainte-Marie et Agen — Saint-Hilaire....... 1,127 | 1,127

Si l'on ajoutait aux 196,000 âmes que nous trouvons sur le bord de la Garonne, le recensement de la population répandue dans la vallée, seulement à 8 ou 9 kilomètres de chaque rive, on trouverait deux ou trois fois plus d'habitants que nous n'en avons dénombré, et qui seront naturellement tributaires des pyroscaphes.

L'embouchure du Gers est proche de *Leyrac*, où passe la route royale d'Agen à Auch. — Vis-à-vis de la *Magistère*, sur la rive gauche de la Garonne, on trouve *Donzac*, village d'environ 900 habitants. — Sur la rive droite, au-dessus du bourg de la Magistère, la ville de *Valence-d'Agen* (de 3,200 habitants) est située à une petite distance du fleuve. — De *Malauze* à *Port-Boudou* (ou la *Pointe*) sur l'embouchure du Tarn, la distance est de 3 kilomètres. et il y a 4 kilomètres de ce port à *Moissac*. — La Magistère, Donzac et Moissac font un grand commerce de farines. — Les *distances* des escales ont été prises sur l'état officiel qui sert de base au péage de la navigation. — Le *tarif des places* a été fixé pour la ligne d'Agen à Moissac selon les proportions du tarif en vigueur entre Agen et Bordeaux : en conservant pour ce dernier trajet le prix de 10 francs.

TABLEAU DE LA RECETTE DES PYROSCAPHES.

TRANSPORT DES VOYAGEURS DE MOISSAC A BORDEAUX.

ESCALES DE MOISSAC A BORDEAUX. NOMS.	Habitans.	POPULATION des localités RIVERAINES intermédiaires entre l'escale supérieure et l'inférieure.	Désignation de LA RIVE de CHAQUE escale.	DISTANCE (en kilomètres.) DE Moissac.	DE Bordeaux.	De chaque point à celui qui précède.	Voyageurs DE MOISSAC pour CHAQUE ESCALE. 1res PLACES.	2mes PLACES.	TARIF DE MOISSAC pour CHAQUE ESCALE. 1res PLACES.	2mes PLACES.	Recette DU TRANSPORT des VOYAGEURS. 1res PLACES.	2mes PLACES.	DILIGENCE: PRIX DES PLACES. Coupé.	Intérieur.	Rotonde.
MOISSAC........	10,618	»	Droite..	0	205	0	0	0	0f 00c	0f 00c	0f 00c	0f 00c	0f 00c	0f 00c	0f 00c
MALAUZE.........	1,231	»	Droite..	9	196	9	9	20	1 75	0 70	15 75	14 00	3 15	2 65	1 65
AUVILLARS.......	2,302	»	Gauche..	20	185	11	9	20	2 50	1 10	22 00	22 80	0 00	0 00	0 00
LA MAGISTÈRE...	1,935	»	Droite..	31	174	11	8	18	3 50	1 60	28 00	28 80	7 40	6 30	4 40
SAINT-NICOLAS...	651	»	Gauche..	36	169	5	8	18	4 50	2 10	36 00	37 80	0 00	0 00	0 00
LEYRAC (le port).	2,915	»	Gauche..	47	158	11	7	16	4 75	2 25	33 25	36 00	0 00	0 00	0 00
AGEN..........	13,399	1,227	Droite..	54	151	7	7	16	6 00	3 00	42 00	48 00	9 90	8 90	5 90
PORT Ste-MARIE.	3,079	427	Droite..	72	133	18	6	14	7 50	4 50	45 00	63 00	10 65	9 65	7 15
PORT DE PASCAU.	100	485	Gauche..	82	123	10	6	14	7 50	4 50	45 00	63 00	0 00	0 00	0 00
TONNEINS.......	6,494	3,285	Droite..	96	109	14	5	12	9 00	5 50	45 00	65 00	13 40	10 90	8 40
MARMANDE......	7,527	6,993	Droite..	119	86	23	5	12	10 00	6 50	50 00	78 00	15 15	12 65	9 15
LA RÉOLE.......	3,931	5,135	Droite..	144	61	25	4	11	11 00	7 50	44 00	75 00	15 90	13 40	9 90
LANGON........	3,566	15,357	Gauche..	164	41	20	4	10	13 00	8 50	52 00	85 00	20 40	17 40	14 40
LANGOIRAN......	1,542	4,925	Droite..	185	20	21	3	9	15 00	9 50	45 00	76 00	0 00	0 00	0 00
BORDEAUX.....	98,705		Gauche..	203	0	20	3	8	16 00	10 00	48 00	80 00	26 90	22 90	18 90
	157,995	37,854					84	196			551f 50c	771f 60c			

Habitans...... 195,849.   **Voyageurs..........** 280.   **Recette....** 1,323f 10c.

OBSERVATIONS.

La ville de *Moissac* est située sur la rive droite du Tarn, à 4 kilomètres de l'embouchure de cette rivière dans la Garonne. *Malauze* est sur la rive droite de la Garonne. — Les *distances* des escales ont été prises sur l'état officiel qui sert de base au péage de navigation. — Le *tarif* des places a été fixé selon les proportions du tarif en usage pour les transports des voyageurs entre Agen et Bordeaux. — Nous avons établi, d'après la coutume, le même prix de transport pour les ports de *Pascau* et *Ste-Marie*, quoique la distance entre ces deux escales soit de 10 kilomètres. — on trouvera les noms des localités riveraines *intermédiaires* des escales désignées sur le *Tableau n° 1*, et dont nous indiquons le nombre des habitants dans une colonne spéciale, afin de mettre en évidence la population si considérable qui se trouve *immédiatement* sur les deux bords de la Garonne de Bordeaux à l'embouchure du Tarn.

Ce n'est pas uniquement sur la portion ambulante de la population riveraine que se fonde le mouvement de transport des Pyroscaphes, mais aussi sur les voyageurs que fournit la population éparse dans la grande vallée du fleuve, ou qui aboutissent à cette grande voie de navigation par toutes les routes transversales ; *Savoir* :

De Montauban et de la vallée du Tarn — de Toulouse, Grisolles et Castel-Sarrazin — *à Moissac* ;
Du département du Gers — *à Auvillars* ;
De la route d'Auch — *à Leyrac* ;
De Nérac et Condom — *à Agen et au Port de Pascau* ;
De la vallée du Lot — *à Tonneins* ;
De la Dordogne et des Landes — *à Marmande* ;
De la route de Bazas, Mont-de-Marsan et Bayonne — *à Langon* ;
Enfin, De l'Entre-deux-Mers — *à Langoiran*.

Les FOIRES dans les localités riveraines, ou peu éloignées de la Garonne, sont favorables aux transports de la navigation à vapeur. Nous allons indiquer seulement *les foires des escales de Bordeaux à Moissac*, afin que l'on sache combien celles-là sont nombreuses.

BORDEAUX : — 1er mars (15 jours) — 30 avril — 10 mai — 1er juin — 16 juillet — 10 août — 16 août — 29 septembre — 15 octobre (15 jours) — 6 novembre. CASTRES : — 4 mai — 8 août — 12 novembre. PORTETS : — 1er lundi de septembre. PODENSAC : — 11 juin — 25 novembre. CADILLAC : — 24 février — 6 mai — 22 juillet — 28 octobre — 3 décembre. BARSAC : — 30 avril — 1er septembre. PREIGNAC : — 1er lundi de mars — 2e lundi de juin, de septembre et de décembre. LANGON : — 1er mars — 8 mai — 19 juin — 29 septembre — 20 novembre. St-MACAIRE : — 7 janvier — 1er décembre. CASTETS : — 25 août et 1er lundi de chaque mois. LA REOLE : — 30 juin — 1er août — 2 novembre — et le 2e samedi de chaque mois. MEILHAN : — 5 et 15 janvier — 5 mars — 5 avril — 5 et 8 mai — 5 juin — 5 et 24 août — 5 et 29 septembre — 5 octobre, novembre, décembre. Ste-BAZEILLE : — 24 et 28 février — et le 28 de tous les autres mois. MARMANDE : — 24 janvier — 1er juin (3 jours) — 18 octobre. CAUMONT : — 1er vendredi de chaque mois — 19 mars — 25 juillet — 29 août — 11 novembre. MAS-D'AGENAIS : — le 5 de chaque mois. TONNEINS : — 17 janvier — 25 mars — 1er et 22 mai (3 jours) — 26 juillet — 10 août — 25 novembre. PORT-SAINTE-MARIE : — 23 avril — 16 août — 19 octobre. AGEN : — lundi de la Semaine-Sainte (3 jours) — 1er lundi de juin (6 jours) — 15 septembre — 2e lundi de décembre (3 jours). LEYRAC : — 14 janvier — 16 février — 14 mars — 14 avril — 6 mai — 14 juin — 20 juillet — 6 août — 12 octobre — 13 novembre — 9 et 18 décembre. St-NICOLAS : — 1er lundi de janvier — lundi-gras — 1er lundi après le 9 mai — 1er lundi de juillet, d'octobre et de novembre. AUVILLARS : — 22 janvier — 4 août. MALAUZE : — 23 mars — lundi après le 29 juillet. MOISSAC : — 7 janvier — 8 février — lundi avant Pâques — 24 mai — 9 octobre — 12 novembre. — (163 foires riveraines.)

Transport de la Marchandise.

Le *transport de la marchandise* est un élément de bénéfices qui appartient au Pyroscaphe d'une manière spéciale parce que calant peu, et rapide, son pont est large et sa coque solide et spacieuse : qualités dont les autres bateaux sont dépourvus.

« Les documents que nous avons pu recueillir *(dit M. Deschamps)* nous ont fait penser qu'il ne fallait pas porter au-delà de 160,000 *tonneaux* la totalité de la masse commerciale qui, après l'amélioration de la Garonne, la parcourra tant en montant qu'en descendant, entre Toulouse et Bordeaux » (1). D'après des renseignements statistiques plus récents (et qui ne comprennent pas le transport inconnu — mais actif — du roulage) la masse du mouvement sur cette ligne surpasserait actuellement 200,000 tonneaux par an.

Pour évaluer la portion de cette quantité de marchandises que le Pyroscaphe pourra transporter, il faut d'abord considérer que tous les genres de *colis* ne lui conviendront pas, puisqu'il sera construit principalement pour le transport des voyageurs. Il ne se chargera donc que de colis peu volumineux quoique lourds, ou de certains colis *encombrants*, mais maniables, qui ne sont pas chacun d'un poids énorme et qu'on voiture de préférence par l'*accéléré*. Le prix du transport est trois ou quatre fois plus cher par ce roulage que par la voie d'eau à la remonte, mais aussi, en outre des garanties contre la fraude et l'avarie, on obtient sur terre l'avantage, souvent fort appréciable pour le commerce, d'une circulation au moins quatre fois plus rapide que sur le fleuve.

Combien le Pyroscaphe montant à Moissac pourra-t-il prendre de marchandise — sans préjudice au transport des voyageurs ?

C'est de plusieurs données combinées qu'il faut extraire la réponse à cette question importante.

Le Pyroscaphe de 5 mètres et demi de largeur sera d'une parfaite *stabilité* : c'est-à-dire, qu'il ne sera point sujet au *roulis* et à *donner la bande* sous l'action du vent ou par l'effet du déplacement de quelques voyageurs. On pourra donc, sur son pont (de 55 mètres), destiner au plaçage de la marchandise une étendue de 30 mètres sur 2 mètres de large : soit 60 mètres carrés. Cet emplacement sera disposé convenablement à l'arrimage et garanti de l'eau pluviale...... La construction solide du Pyroscaphe nous permettra de déposer — sans inconvénient — 200 kilog. de charge sur chaque mètre carré de l'emplacement dont nous venons de parler. Ce sera ainsi *pour le pont* une charge de. . 12,000 kil.

Mais dans notre vaste coque nous arrimerons encore facilement, dans diverses *soutes* appropriées à cet effet. . . . .   8,000 kil.

Le transport *journalier* de marchandise — *à la remonte* — s'élèvera donc à. 20,000 kil. ou 20 tonneaux — qui n'augmenteront notre *tirant-d'eau* que de 8 centimètres et demi.

En effet :

Le Pyroscaphe (*lège*) ne calera que 50 centimètres, et le déplacement de chaque cou-

---

(1) M. Deschamps. — *Supplément aux recherches, etc., ou Nouveaux développements relatifs à la navigation de la Garonne.* 1836, in-4°, p. 50.

che d'eau de 27 millimètres d'épaisseur, au-dessus de la ligne de flottaison, résultera d'une charge de 6,363 kilog. (1). De sorte que, proportionnellement, notre chargement de 20,000 kilog. n'augmentera la calaison du Pyroscaphe que de 85 millimètres : ce sera l'équivalent du poids de 266 voyageurs, à raison de 75 kilog. chacun; mais nous conserverons encore la faculté de porter, au-delà de ce poids de marchandise, 284 voyageurs, sans que notre *tirant-d'eau* dépasse 66 centimètres (2). Nous n'aurons pas besoin de prendre une telle charge de voyageurs (comme nous le verrons tout-à-l'heure) pour encaisser une ample recette.....

M. *Deschamps* évaluait, en 1836, la masse des marchandises circulant annuellement sur la Garonne à 160,000 tonneaux : on porte cette quantité, à-présent, à 200,000 tonneaux. Notre charge quotidienne de 20,000 kilog., formant par an 7,300 tonneaux, n'en serait que la *vingt-septième partie*. — Mais nous ne tenons pas compte — comme nous devrions le faire — d'une portion considérable des expéditions actuelles du *roulage accéléré*, qu'on donnera de préférence au Pyroscaphe — afin que le transport sur Agen et Moissac s'effectue *quatre fois plus vite et à meilleur marché*.

Notre espoir de transporter au moins 7,300 tonneaux de marchandise par an est donc fondé sur les plus grandes probabilités.

Il nous faut, maintenant, évaluer le produit de ces transports.

Pour mettre mieux en évidence les avantages du meilleur marché et de la célérité que les Pyroscaphes offriront au commerce, et pour montrer aussi quelle latitude de bénéfices le mouvement de la marchandise laissera à notre entreprise, nous allons extraire quelques notes du *prix-courant*, récent, de l'un des principaux Commissionnaires de roulage de Bordeaux (*M. L. Monset*).

Prix de voiture — par 100 *kilogrammes, de Bordeaux à :*

	ACCÉLÉRÉ.	ORDINAIRE.	VOIE D'EAU.
Marmande............	0f 00c............	0f 00c............	4f 00c en 7 jours.
Agen............	8 00 en 3 jours............	6 00 en 7 jours............	3 00 en 10 jours.
Moissac............	11 00 en 4 jours............	10 00 en 10 jours............	3 00 en 18 jours.
Montauban............	11 00 en 5 jours............	9 50 en 10 jours............	3 00 en 22 jours.
Toulouse............	12 00 en 5 jours............	6 50 en 10 jours............	2 50 en 22 jours.

Il faudra, peut-être, nous restreindre à ne desservir que les deux destinations d'Agen et de Moissac, afin de n'être point retardé pour déchargement et chargement aux escales intermédiaires nombreuses, mais peu importantes sous le rapport commercial.

Il y aura environ un quart de la marchandise pour Agen et les trois quarts pour Moissac, d'où la distribution se fera par terre à Toulouse, à Montauban et dans les contrées environnantes si populeuses.

Supposons que les prix de transport seront seulement par 100 kilog., de 1 fr. 50 c.

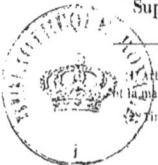

(1) Art. 5 du *traité* ou *marché* du 10 avril 1843, par lequel MM. Despin et Ch. Dietz se sont engagés à construire la coque et la machine du Pyroscaphe — à Bordeaux.

(2) Tirant-d'eau que produirait la charge de 550 voyageurs, d'après la jauge calculée du gabarit tracé.

pour Agen, et 1 fr. 80 c. pour Moissac. Les 200 quintaux métriques se répartissant,
SAVOIR :

           50 à Agen — payant un fret total de. . . . .   75 fr.
           150 à Moissac — payant un fret total de. . . .   270 fr.

     La recette totale du transport, à la remonte, sera de. . . 345 fr. *par jour.*

On doit remarquer qu'en organisant ainsi un transport fluvial de marchandise plus rapide que le roulage accéléré (*et même que la messagerie*) — un transport *à départs quotidiens* — nous cotons cependant les prix au-dessous du tarif du transport si lent des bateaux de halage, qui emploient quinze ou vingt jours pour faire le trajet de Bordeaux à Toulouse.

On objectera, peut-être, que notre évaluation approximative de ce service de messagerie doit être réduite, parce que ce genre de service nécessitera des frais spéciaux ? J'admets l'objection, et j'y satisfais largement en déduisant pour ces frais 45 fr. par jour sur la recette de 345 fr. : c'est 13 p. %.

Nous réduirons aussi à un *minimum* absurde la charge de marchandise de Moissac pour Bordeaux, et nous laisserons *pour mémoire* la quantité qui pourra être prise à Agen. Nous disons donc que l'expédition de Moissac sera seulement de 150 quintaux métriques à 1 fr. (prix ordinaire, actuel) : ce sera 150 fr. de fret *par jour*, que nous réduirons encore à un *produit net* de 100 fr. par défalcation des faux frais.....

Quoique dans ce calcul des recettes du transport commercial nous ayons affaibli les quantités et les prix, et exagéré les déductions pour frais de ce service (95 *fr. par jour* ou 20 p. %, de la recette), il nous reste encore, comme on le voit, *un bénéfice de 400 fr. par jour.....*

Nous n'avons pas besoin de dire que des entreprises de roulage et de messageries se mettront immédiatement en correspondance avec les Pyroscaphes, sur les routes de Moissac à Toulouse (65 kilomètres), et de Moissac à Montauban (30 kilomètres), et favoriseront notre double service par leur alliance.

Récapitulons les deux sortes de recettes.

Le Pyroscaphe *ascendant*, avec 224 voyageurs, fera une recette de. . .	1,273ᶠ 95ᶜ
Le Pyroscaphe *descendant*, avec 280 voyageurs, fera une recette de. . .	1,323 10
A ce total de.	2,597ᶠ 05ᶜ il faut ajouter

(*conséquemment à ce que nous dirons dans une note sur les* PARCOURS INTER-MÉDIAIRES) au moins *un dixième* pour le montant de la recette qui proviendra de la circulation des voyageurs, en échange réciproque, entre toutes les localités riveraines de la ligne de Bordeaux à Moissac. — Ce sera donc (approximativement et en nombre rond) *par jour*. 260ᶠ

Recette provenant du transport des voyageurs.		2,857ᶠ
FRET du Pyroscaphe *ascendant*, pour 20 tonneaux (net).	300ᶠ	
FRET du Pyroscaphe *descendant*, pour 15 tonneaux (net).	100	
Recette provenant du transport de marchandises.		400ᶠ

TOTAL DE LA RECETTE, *d'un jour*, des deux Pyroscaphes circulant en montant et en descendant entre Bordeaux et Moissac. 3,257ᶠ

Evaluons les DÉPENSES à déduire de cette somme.

STATISTIQUE DES DÉPENSES.

Pour extraire de la recette le *produit net*, il faut évaluer les *dépenses*, de tous genres, en les ramenant au *terme moyen quotidien*, qui est le point de rapprochement d'où la *balance* fera ressortir le *bénéfice*.

Frais généraux.

Dépenses administratives. — Par mois.

Appointements du Directeur-gérant.	500ᶠ
— des deux Ingénieurs-inspecteurs.	400
— du Caissier..	180
— du Commis aux écritures.	100
Frais de bureaux — y compris les impressions et la dépense d'éclairage des Pyroscaphes.	400
Loyers des bureaux de la Direction.	170
Jetons de présence des Commissaires surveillants (*art.* 77 des *statuts*).	100
TOTAL *par mois.*	1,850ᶠ
Et *par an* 22,200 fr. — Soit *par jour.*	60ᶠ 82ᶜ

Solde de l'équipage d'un Pyroscaphe. — Par mois.

Capitaine.	170ᶠ
Agent comptable..	160
Mécanicien.	160
Premier Pilote.	120
Second Timonier.	90
Deux Chauffeurs à 80 fr.	160
Deux Matelots à 70 fr.	140
Un Mousse.	25
C'est par mois.	1,025ᶠ
Et par an 12,300 fr.; soit *par jour* une dépense de.	33ᶠ 70ᶜ
Pour le Pyroscaphe *ascendant* — autant pour le *descendant*.	33 70
Et une somme égale pour le troisième Pyroscaphe *auxiliaire*.	33 70
TOTAL pour *les trois Pyroscaphes* — par jour.	101ᶠ 10ᶜ

Frais divers.

Dépense de combustible.

Cette dépense importante sera en *raison directe* de la force de la machine et en *raison inverse* de la vélocité du Pyroscaphe.

La condition constructive la plus avantageuse du *Pyroscaphe*, pour produire le faible tirant-d'eau favorable à la vélocité, c'est la légèreté relative de son puissant appareil moteur, qui ne pèsera que *trente-trois tonneaux*. (Art. 1ᵉʳ du Traité avec les ingénieurs *Dietz* et *Despin.*)

La vitesse du *Pyroscaphe* inscrite au *Tableau comparatif* que l'on verra dans les Notes (24 kilomètres en eau tranquille) résulte de l'application, selon les formules, de la puissance de 120 *chevaux-vapeur* au plan de résistance (ou coupe transversale de la partie immergée de la coque du *Pyroscaphe*): mais la machine offrira une force, disponible au besoin, de plus de 140 chevaux.

De cette vitesse théorique de 24 kilomètres résultant des formules pratiques, il faut soustraire la vitesse du courant qui entraîne le *Pyroscaphe* en recul de son mouvement à la remonte; cette vitesse de la Garonne étant supposée (à un *maximum* exagéré) de 8 kilomètres ou deux lieues à l'heure, il restera donc au *Pyroscaphe* une vitesse effective de translation de 16 kilomètres ou quatre lieues à l'heure en remontant le fleuve.

« *Peut-être la distance de Bordeaux à Moissac* (205 kilomètres ou 51 lieues) *sera-t-elle régulièrement franchie en treize heures :* » C'est ainsi que M. l'ingénieur *Tremtsuk* a prophétisé la venue des *Pyroscaphes*, à la page 81 de son *Instruction pour les conducteurs de machines;* — mais il aurait dû accorder deux heures de plus pour faire les escales de ce parcours.

Nous dirons donc que le Pyroscaphe ne montera de Bordeaux à Moissac qu'en 15 heures — à cause des temps d'arrêt aux diverses escales de la ligne.

Les ingénieurs *Grouvelle* et *Jaunez* disent que « la dépense des machines à deux cylin- » dres est aujourd'hui bien constatée à 3 kilogrammes (*de houille*) au maximum, par » cheval, et leur service est parfaitement régulier. » (1)

« Charbon brûlé par force de cheval et par heure : $2^k,5$ à 3 kil., mais le plus souvent 4 kil. dans une machine à haute pression (*plus de 4 atmosphères*) avec *détente et condensation*. Ces machines ont l'avantage de consommer moyennement un tiers de combustible de moins que les machines à basse pression : » Voilà ce que dit *M. Arthur Morin* (2).

La puissance calorifique du *coke* pur comparé à la houille de moyenne qualité, est, à poids égal, dans le rapport de 7 à 6 (3).

Nous avons dû citer ces autorités pour mettre en évidence — sur l'importante question du combustible — notre éloignement de toute évaluation qui tendrait à enfler l'approximation des bénéfices de l'entreprise.

Conséquemment, par hypothèse exagérée, *dans le sens de la dépense*, nous supposerons que la machine du Pyroscaphe consommera 5 kilogrammes de coke par heure et par force de cheval. — Ainsi, nos 120 chevaux dévoreront en 15 heures 9.000 kilos de coke à 3 fr. les 100 kilogrammes, ce sera pour le *Pyroscaphe ascendant* une dépense, *par jour*, de. 450ᶠ

Quoique l'expérience démontre que sur la Garonne les bateaux à vapeur ont deux fois plus de vitesse en descendant qu'en remontant, si nous supposons que le Pyroscaphe n° 2 mette pour descendre de Moissac à Bordeaux les deux tiers du temps de la remonte — ou 10 heures — nous lui attribuerions une consommation de 6,000 kilos de coke — *s'il employait* 120 *chevaux-vapeur*. Or, cette force n'étant pas nécessaire et pouvant être réduite de moitié, au moyen de la *détente-variable* (4), la consommation de combustible se réduira en proportion de la force de 60 chevaux qui suffira pour descendre le courant avec rapidité. Alors la machine brûlera 3,000 kilogrammes de coke à 3 fr. les 100 kilogrammes, cette dépense sera de. 150ᶠ

La dépense de combustible — pour les deux trajets — sera donc, *par jour*, de. . . . . ──── 600ᶠ (5).

---

(1) *Guide du Chauffeur*, etc., p. 125.

(2) *Aide-mémoire de mécanique*, — art. 224—226.

(3) *Manuel du constructeur de Locomotives*, par JULLIEN, p. 26.

(4) Voir la note finale sur la *Détente-variable*.

(5) *Je tiens en réserve un moyen de réduire au moins de moitié cette dépense de combustible* (A. G. M. S.)

Le troisième Pyroscaphe tenu à l'ancre, en disponibilité, ne consommera de combustible que lorsqu'il fera des excursions extraordinaires, comme par exemple aux grandes foires riveraines — alors ses recettes *extrà* seront très-fructueuses : nous les laissons cependant *pour mémoire* ainsi que ses dépenses de *chauffe*.

Nous ne supposons pas que nos Pyroscaphes, quoique solidement construits, puissent faire 365 voyages par an, sans avoir besoin de repos périodique pour nettoyage et entretien des machines. Alors le troisième Pyroscaphe entrera en activité sur la grande ligne pour en maintenir le service sans interruption.

L'Entretien des machines des trois Pyroscaphes (huile, suif, etc.), peut être évalué—par jour—à. 75f 00c

D'après l'article 25 des statuts l'*Intérêt, à 5 p. 0/0 des actions, sera payé par semestre,* à dater du jour de la constitution de la société : ainsi cet intérêt doit être rangé au nombre des dépenses de l'entreprise. Ce sera pour le capital des trois Pyroscaphes (en nombre rond 600,000 fr.) à 5 p. 0/0—par an 30,000 fr., et *par jour*. 82 10

Impôt indirect de 11 pour cent, *à prélever seulement sur le montant du prix de transport des voyageurs* (évalué—page 18—à la somme de 2,857 fr. par jour), ce sera *par jour*. 314 27

Péage ou droit de navigation, calculé *(au maximum)* sur un chargement total des deux Pyroscaphes *(ascendant et descendant)* de 66 tonneaux par jour *(en voyageurs ou marchandise)*, pour le parcours de la ligne entière de Bordeaux à Moissac (1) *par jour*. . . 47 35

RÉCAPITULONS :

1° Dépenses administratives—*par jour*.	60f	82c
2° Solde des équipages des trois Pyroscaphes.	101	10
3° Combustible pour les deux Pyroscaphes quotidiens.	600	00
4° Entretien des trois Pyroscaphes—*par jour*.	75	00
5° Intérêt du capital social (600,000 fr.).	82	10
6° Impôt-indirect sur la recette provenant des voyageurs.	314	27
7° Péage ou droit de navigation *(au maximum)*.	47	35

TOTAL DES DÉPENSES de l'entreprise des Pyroscaphes—*par jour* . . . . 1,280f »c

Aperçu de Balance.

Nous avons trouvé (p. 18) que la RECETTE, *totale*, des Pyroscaphes, transportant, entre Bordeaux et Moissac, *voyageurs* et *marchandises*, s'élèverait, *par jour*, à 3,257f
En défalquant de cette somme les DÉPENSES *quotidiennes*, évaluées à. 1,280

Il resterait un BÉNÉFICE NET, *par jour*, de 1,977f

(1) Voir la note finale, explicative du *Péage*.

RÉSULTAT FINANCIER.

Ne perdons pas de vue le fait culminant de la navigation à vapeur sur la Garonne : c'est la progression croissante, extraordinaire, du nombre des voyageurs et des recettes de ce genre de locomotion, conséquemment à l'allongement du parcours et à l'augmentation de vitesse des bateaux.

On a vu que nous suivons, dans tous nos calculs statistiques, le système qui doit nous mettre à l'abri de l'accusation d'exagération : nous forçons les évaluations de dépenses et nous affaiblissons l'estimation des recettes. Par exemple, dans nos deux *tableaux du transport des voyageurs* (pages 14 et 15), nous en avons supposé les diverses quantités si modiques, qu'on ne les prendra pas comme *moyennes*, mais qu'on les considérera plutôt dans l'ensemble comme une réduction à un *minimum* absurde.

Par suite de ces mêmes principes qui nous dirigent dans l'exposition de nos aperçus spéculatifs, nous ne prétendrons point qu'on doive espérer faire 365 fois par an une recette de 3,257 fr. Nous allons donc la resserrer dans des limites que l'on trouvera sûrement assez étroites.

Il y aura des jours où la recette de l'entreprise des *Pyroscaphes* sera au-dessous de la somme que nous venons de trouver, soit par l'effet du mauvais temps ou par d'autres causes; mais il y aura aussi bien des jours de foires et de fêtes riveraines, et aussi certaines époques de la belle saison, où la recette surpassera notre évaluation. Nonobstant, faisons à cet égard une *cote mal taillée* — tout à fait arbitraire à *minimâ*. Supposons (avec exagération) que les grandes crues et les débordements de la rivière, arrêteront la circulation des Pyroscaphes pendant 35 jours dans l'année ; et que la recette quotidienne, moyenne, des deux *Pyroscaphes montant et descendant*, ne s'élève qu'à 1,500 fr., seulement, pendant les 330 jours d'activité : alors la recette de l'année ne sera que de F. 495,000.

Si nous multiplions la somme de nos dépenses quotidiennes, de tous genres, 1,280 fr. pour chaque jour d'activité des deux bateaux, en les supposant en mouvement toute l'année (sans interruption) nous aurons pour le produit de 1,280 f. par 365 jours la somme totale de. 467,200ᶠ

Mais il y a trois sortes de dépenses, résultant du service actif, qu'il faut déduire pour 35 jours de repos. C'est (comme nous l'avons vu plus haut, p. 21) :

Le combustible.	600ᶠ ˮ ᵉ
L'Impôt−indirect.	314 27
Le Péage de navigation.	47 35
Total, *par jour*.	961ᶠ 62ᶜ

Ce qui fait pour 35 jours de chômage. — 33,656ᶠ

Selon cette hypothèse de circulation interrompue les dépenses de l'année seront donc réduites à. . . . . —— F. 433,544

Dont la soustraction étant faite de la recette totale évaluée ci-dessus (493,090 fr.). . . . . . ——

il restera une somme de. . . . . F. 61,436

qui sera susceptible de la retenue d'*un douzième* (1) pour former le *fonds de réserve* (qui doit être porté à 100,000 fr. — *Titre IV des statuts*). Le montant de cette retenue sera de. . F. 5,121

A Reporter. . . . . F. 56,335

(1) Nous supprimons ici les centimes, ainsi que dans les nombres suivants, pour simplifier nos calculs.

Il faut ensuite prélever le quart de la somme restante ci-contre. . . . . F. 56,335
(pour le diviser en trois parts entre le Directeur et les deux Ingénieurs-inspecteurs (1) conformément au dernier article du Titre VI des statuts) — Soit. 14,083
Il restera ainsi, finalement, à répartir aux actionnaires qui auront versé le capital de 600,000 francs, la somme de. . . . . F. 42,252

Ce sera un dividende de 7 fr. 37 c. pour cent.

Mais l'intérêt à 5 pour cent du capital des trois *Pyroscaphes* ayant été compris dans la somme des dépenses dont nous avons fait la défalcation sur le produit *brut*, les actions auront donc reçu une annuité de plus de 12 p. $\frac{}{}$. (2).

Il ne faut pas oublier de mettre encore en ligne de compte, pour les actions dotées des *six voyages gratuits* (art. 20 des statuts), une valeur annuelle de 50 fr., car la négociation de ces 48 bons au porteur, qui vaudront 60 fr. (selon le tarif actuel), se fera facilement au moyen d'une remise de 10 francs (escompte de plus de 16 p. $\frac{}{}$).

L'action de 500 francs de la première catégorie recevra donc :

En intérêts. . . . . 25 fr.
En dividende. 35
En primes de voyages. . . . 50

TOTAL. . . . 110 fr. OU 22 POUR CENT PAR AN.

Quelle est l'industrie, dans le midi de la France, qu'on pourra mettre en parallèle, pour la quotité de ses produits, avec l'entreprise des Pyroscaphes ?...

MUNDUM REGUNT NUMERI — *les nombres gouvernent le monde !* dit PLATON : et c'est vraiment la logique la plus convaincante dans notre siècle de *positivisme*.

---

(1) Le Directeur des bateaux *les Garonne* (capital social : 340,000 fr.) a prélevé, pour émolument de sa première année de gérance (à raison de 5 p. °/, sur les recettes) la somme de 10,831 fr. 55 c..... (Voyez la page 5 de son Compte-rendu, imprimé en avril 1843.) — Si un prélèvement semblable était opéré ici sur la recette de 495,000 fr., il porterait l'émolument du Gérant à 24,750 fr., — taux qui serait disproportionné avec la somme à répartir en dividende..........
La fraction du dividende qui est attribuée aux trois fondateurs en complément d'émolument de leurs fonctions, doit être considérée aussi à l'égard des deux Ingénieurs comme rémunération de l'apport qu'ils font de leurs brevets et procédés constructifs, et de leur renonciation *formelle* à construire ni bateaux, ni machines, pour aucune compagnie rivale des Pyroscaphes. (Voir les articles 6—7—10—16—20 du *Traité* ou *Marché* du 10 avril 1843).

(2) M. Ducros, gérant de la COMMANDITE des *Garonne*, vient de publier (fin d'avril) dans tous les journaux de Bordeaux, qu'il paierait, à bureau ouvert, aux actionnaires, le *second dividende annuel de 11 pour cent*.........

RÉSUMÉ.

Aucune Entreprise de bateaux à vapeur n'a offert jusqu'ici aux actionnaires d'aussi solides et aussi complètes garanties de gestion et de succès que l'entreprise des *Pyroscaphes*.

En effet :

1° Les deux Ingénieurs (constructeur et mécanicien) sont d'habiles théoriciens qui ont fait leurs preuves depuis nombre d'années et ont acquis une expérience consommée. — Restant inspecteurs des *Pyroscaphes* (art. 47 des statuts) ils surveilleront leur entretien et assureront la bonne exécution, la promptitude et l'économie des réparations : leur promptitude garantira du chômage et des pertes de recette qui s'ensuivent.

2° Le Directeur des *Pyroscaphes* a vingt ans d'expérience de gestion administrative...

3° L'entreprise n'a pas été formulée par improvisation et sur des données vagues ; mais le devis et les plans du premier *Pyroscaphe* (soit pour la coque, soit pour les machines) sont le résultat d'une année de méditations, de combinaisons et de calculs basés sur une pratique éclairée. — Le Traité (imprimé) ne contient que l'analyse très-abrégée de ce devis (enregistré), qui est resté sous seing-privé, parce qu'il eût été imprudent de divulguer nos moyens et procédés dont les concurrents auraient pu faire un usage hostile.

4° Le Directeur et les Ingénieurs sont cautionnés — *en numéraire* — SAVOIR : le Directeur, de 25,000 fr. et chaque Ingénieur de 15,000 fr. — Ces cautionnements seront portés ultérieurement à 50,000 et à 25,000 francs.

5° Au-delà du traitement fixe, modique, des trois fondateurs, le seul avantage industriel qui leur est attribué consiste en une fraction du dividende, toutes dépenses déduites et les intérêts du capital soldés.

— Par cette expectative ou stipulation aléatoire, par la modicité des autres avantages qui sont faits aux Ingénieurs, par le bas prix auquel ils ont établi leurs devis, les Ingénieurs montrent leur conviction de la réussite et du grand succès de l'entreprise qui sera organisée selon les errements de construction et de mécanique qu'ils ont tracés et calculés.

6° Les coques et les machines des *Pyroscaphes* seront construites à Bordeaux, où les ingénieurs établiront leurs ateliers en permanence : ainsi, le Directeur-gérant pourra suivre les progrès des constructions, comme le Ministre de la marine fait inspecter la construction des machines à vapeur pour les *steamers* de l'Etat, chez les ingénieurs-mécaniciens, afin de s'assurer que la fabrication est proportionnelle, à chaque époque, aux à-comptes successifs du prix total.

7° Tous les inconvénients de la *cheminée* disparaîtront avec elle, et il s'ensuivra, certainement, une prédilection des dames pour les *Pyroscaphes,* où elles trouveront nombre d'agréments et de commodités qui n'ont pas existé *(et même ne pouvaient pas*

exister) sur les bateaux à vapeur qu'on a vus jusqu'ici sur la Garonne.. Le Directeur
garde son secret à cet égard : on verra.....

8° La production de la vapeur avec l'*eau distillée* garantira la chaudière des incrustations calcaires qui nuisent

> *A l'économie*, en affaiblissant l'action du feu ;
>
> *A la puissance des machines*, en diminuant la production de la vapeur ;
>
> *Aux recettes*, en nécessitant des chômages fréquents pour nettoyer et réparer
les chaudières encroutées et brûlées.

9° Procurer aux *Pyroscaphes* un faible tirant-d'eau tout en les animant de puissantes
machines qui produiront une vélocité extraordinaire : — tel était le triple problème qui
ne pouvait être résolu qu'en réunissant aux meilleures *formes* de la coque les constructions *mécaniques* particulières à *M. Dietz*, et dont les principales sont l'objet d'un brevet que cet ingénieur apporte dans la société des *Pyroscaphes*. — *M. Despin*, qui construira la coque des *Pyroscaphes*, a construit pour la compagnie Hainguerlot, les *Bateaux-
rapides* qu'on peut haler au galop des chevaux sur le canal de l'Ourcq. (*Voir aux Notes
finales quelques-uns des principaux travaux des deux ingénieurs)*.

10° Nos *Pyroscaphes* auront des Machines assez fortes, ils seront assez grands et assez
solides, et cependant caleront assez peu (sans charge) pour pouvoir porter 284 *voyageurs et 20 tonneaux de marchandises*, sans que leur tirant-d'eau dépasse 66 centimètres.

Les bateaux à vapeur qui vont actuellement à Agen sont trop faibles, trop étroits,
trop berçants, trop peu spacieux et calent trop, pour pouvoir porter de la marchandise...

11° Les plus grands bateaux qui circulent sur la Garonne, au-dessus de Bordeaux,
n'ont que des machines d'une cinquantaine de *chevaux-vapeur*.

Le *Pyroscaphe*, construit en fer, de 55 mètres de longueur sur 5ᵐ 50ᶜ de largeur,
emménagé, ayant dans ses flancs une machine de plus de *cent quarante* chevaux, dix
mille kilogrammes de combustible et son équipage : *le Pyroscaphe ne calera que cinquante
centimètres*. Sa vitesse (calculée d'après les formules déduites de l'expérience) sera de
seize kilomètres (ou quatre lieues) en remontant le courant de la Garonne : ainsi *la distance de Bordeaux à Agen* (151 kilomètres) sera parcourue en *dix heures*, et celle de *Bordeaux à Moissac* (205 kilomètres) en quinze heures.

12° Le *Pyroscaphe* descendant réduira la force de sa machine à 50 ou 60 chevaux, au
moyen de la *détente-variable*, et sa consommation de combustible diminuera en proportion. La descente de Moissac à Bordeaux se fera en neuf ou dix heures ; il ne serait peut-
être pas utile ni prudent de descendre le fleuve avec une plus grande vélocité.

13° Les chiffres que j'ai donnés sur le transport des voyageurs et de la marchandise,
et sur la consommation de combustible, sont tellement calculés (au *minimum* pour la
recette et au *maximum* pour la dépense) que la gestion présentera un résultat supérieur
à mes évaluations d'économie et de bénéfice.

14° Parlerai-je du vaste et commode salon des Dames ?..... et aussi de la grande cui-
sine *(intérieure)* du *Pyroscaphe* qui sera agencée de fourneaux perfectionnés pour appré-
ter les mets variés d'une chère confortable ?....... Ces avantages ne sont pas à dédaigner

pendant une journée de voyage, et ils contribueront à affermir la prédilection du Public pour nos *Pyroscaphes*.

15° Les Soumissions ou souscriptions d'actions se font sur un bulletin dont on remplit les blancs, qu'on date et qu'on signe.

ARTICLE 9 des STATUTS. « *Les actions ne seront délivrées aux souscripteurs que contre le* » *versement d'un capital égal, conséquemment à leur souscription, et dans le délai d'un* » *mois après l'assemblée générale qui aura reconnu la constitution de la Société, confor-* » *mément à l'article 18 des statuts.* »

Ce mode de versement laisse aux souscripteurs la jouissance de leurs capitaux jusqu'au moment où ils doivent entrer dans la caisse sociale.

16° Les actions (de 500 francs) sont *nominatives* ou *au porteur*, au choix des souscripteurs. On peut en changer la forme. En cas de perte du titre on peut en obtenir un nouveau, en remplissant les formalités prescrites par l'article 17 des statuts.

« *La première émission d'actions est fixée au nombre de deux mille, mais la Société sera* *définitivement constituée par la souscription des six cents premières actions. Cette consti-* *tution sera constatée, etc.* (Article 18.) »

17° Une disposition fondamentale fort avantageuse (et même séduisante) non-seulement pour les riverains mais même pour les actionnaires qui n'auront pas besoin de naviguer sur la Garonne, c'est l'attribution des *voyages gratuits* à un certain nombre d'actions.

ARTICLE 20 des STATUTS. « *Chacune des 800 premières actions jouira, par privilége spé-* » *cial, pendant toute la durée de la Société, de six voyages annuels gratuits de Bordeaux* » *à Agen..... (premières places).....* *représentés par 48 coupons (au porteur) valables* » *pour le trajet (intermédiaire) des 8 escales principales......* »

Ces six voyages gratuits, au tarif coutumier, valent 60 fr. — Ferait-on une remise de 16 p. 100 au courtier qui placerait ces bons négociables? on en retirerait toujours 50 fr. : ce serait donc 10 p. 100 de *prime annuelle* : sans préjudice au droit qu'auront les actions privilégiées (comme les autres) à l'intérêt de 5 p. 100 et aux dividendes.

Quatre voyages gratuits *annuels* sont attribués aux actions des numéros 801 à 1000 — et quatre voyages dans la seconde chambre (aux prix de 7 fr.) aux numéros 1,001 à 1,200.

18° Les *bons de voyages gratuits* formeront une prime qu'il était juste d'accorder aux premiers actionnaires — mais comme *jouissance* et non en *argent* sortant de la caisse sociale. — Le nombre total de ces voyages gratuits entre Bordeaux et Agen, ne donne pas le terme moyen de dix-huit voyageurs par jour tout le long de l'année.

Ces bons seront facilement échangés de manière à procurer à l'actionnaire une égale valeur (selon le tarif) en bons spéciaux pour un trajet habituel quelconque.

Bientôt après la mise en activité des Pyroscaphes une augmentation de valeur vénale des 1200 premières actions se prononcera, certainement, à cause de l'avantage, qu'on appréciera, des voyages gratuits.

19° « *Lorsque l'assemblée générale aura reconnu, sur la proposition du Directeur, l'uti-* » *lité (pour extension du service) d'une émission d'actions (au-delà des 2,000 dont il est*

» parlé dans l'article 18), *ces actions seront offertes de préférence, et au pair, aux déten-*
» *teurs des 1,200 premières actions.....* » (Article 23 des statuts.)

La faveur ou la hausse que les premières actions auront acquise donnera à ce privilége une certaine importance.

20° Nous avons vu (p. 7) que la recette des bateaux à vapeur, en *amont de Bordeaux* — officiellement constatée — a été de 736,363 francs en 1842; en divisant cette
somme par 365 jours, on trouve une recette moyenne *quotidienne* de 2,017 fr.: *et ces
bateaux ne vont que jusqu'à Agen..... et ils ne portent que des voyageurs.....*

Nous n'avons évalué la recette annuelle des *Pyroscaphes* (p. 22) qu'à la somme de
495,000 fr., ce qui nous donne la moyenne quotidienne de 1,356 fr., qui se trouvera,
certainement, au-dessous de la réalité :

Parce que nous avons exagéré la durée du chômage par l'influence des saisons, en le
supposant de 35 jours par an ;

Parce que la vitesse supérieure et le *comfort* des *Pyroscaphes* leur fera obtenir une
préférence marquée de la part des voyageurs ;

Parce que l'allongement de la ligne parcourue, tout en diminuant la durée de la navigation actuelle pour un trajet plus court, sera une double cause d'accroissement du mouvement des voyageurs et du montant des recettes ;

Parce que le *Pyroscaphe* étant destiné (par sa construction et sa capacité) à porter de
la marchandise avec un grand nombre de voyageurs, sa charge ne sera pas toujours
bornée au *minimum* de 38 tonneaux pour rester au tirant-d'eau de 66 centimètres
(voyez p. 17). Mais dans les circonstances favorables de la hauteur des eaux, de l'af-
fluence des voyageurs et de l'abondance des marchandises, le *Pyroscaphe* pourra doubler
sa charge (à 76 tonneaux) sans caler plus de 82 centimètres et sans être ralenti dans sa
marche, parce qu'alors il emploiera les 25 ou 30 *chevaux-vapeur* qu'il aura gardés en
réserve au moyen de la *détente variable.*

21° Le *titre* X des statuts de la Société des *Pyroscaphes* organise une *Commission de
surveillance,* composée de trois titulaires et de trois suppléants, élus chaque année par
l'assemblée générale. L'influence intérieure, le contrôle, la surveillance passive de l'actionnaire dérivent du contrat de la *commandite,* tel qu'il est réglé par la loi actuelle. On
a eu tort de ne pas faire un usage plus fréquent, plus efficace de ce droit.

La *Commission de surveillance* aura une action réelle et périodique pour le mieux de
la gestion et de la garantie des intérêts sociaux — au lieu d'avoir seulement une exis-
tance fictive, nominale, chimérique, comme dans la plupart des sociétés anonymes ou
en commandite qui se sont formées jusqu'à présent. — En me plaçant ainsi sous la surveillance ou inspection trimestrielle des commissaires, j'ai voulu prouver que dans les
combinaisons fondamentales de l'entreprise des *Pyroscaphes* la loyauté m'a dirigé —
parce qu'elle ne cessera jamais d'être ma loi suprême.

A. G. M. S.

RÉFLEXIONS GÉNÉRALES.

Je ne suis pas à mon début dans la carrière administrative : une vingtaine d'années de service m'ont valu une pension de l'État, lors de la suppression de mon emploi par réorganisation d'établissement.

J'ai l'ambition (qu'on ne blamera pas) d'organiser une Entreprise normale — pour réhabiliter la *commandite* et montrer ce que doit être un *Gérant*....... M'accusera-t-on d'orgueil ? Je confesse avoir eu toujours l'ambition de bien faire et l'orgueil de faire le bien ; — du moins on peut s'honorer d'avouer ce noble orgueil et cette ambition utile : c'est ainsi, peut-être, seulement, qu'on peut penser que *tout* n'est pas *vanité* dans la vie......

Si les *Pyroscaphes de la Garonne* ne devaient pas constituer *un immense progrès*, je ne m'en serais pas occupé : car vouloir simplement créer une concurrence parallèle, selon les données vulgaires, constructives et mécaniques, qu'on a suivies jusqu'ici *(et qui sont si insuffisantes surtout pour la vitesse)*, ce serait une témérité réprouvée par la logique et qui ne conduirait qu'à des chances de perte.

Ce n'est pas uniquement comme spéculation que je présente les *Pyroscaphes* aux capitalistes (quelque productive que doive être cette entreprise), je considère cette entreprise de plus haut, et indépendamment de ce qui m'est personnel ; je la considère comme *progrès* désiré et *nécessaire*, comme *utilité* locale et même *générale* : puisque son système est susceptible d'être adopté partout, pour la navigation fluviale.— Voilà quant au point de vue mécanique et *financier*, spécial ; voici le point de vue *moral*, culminant et général :

Le plus noble, le plus heureux privilége de l'opulence, c'est d'avoir la faculté d'acquérir un pouvoir social régulateur, par l'ascendant irrésistible et vénéré d'une haute et bienfaisante intelligence, qui pousse ou dirige les populations dans la voie des progrès rationnels. Puisque la race humaine a été lancée par la Providence sur la pente du railway de la *perfectibilité*, il appartient à ceux qui ont la double puissance de l'or et des idées de diriger le *convoi* national vers l'avenir pacifique : ce ne serait pas uniquement exercer un *droit*, mais ce serait aussi remplir un *devoir*.....

Malheureusement, dans notre siècle orageux et de transition, la morale *individuelle* et *politique*, pure et sans connexion avec les intérêts matériels, s'est beaucoup affaiblie et tendrait à s'évanouir, à ce qu'il semble, dans la région des abstractions. Il faut donc la ranimer, lui redonner du corps et de l'action en la faisant ressortir de l'accroissement du *comfort* et de l'harmonie des intérêts industriels. Quoi de plus efficace pour produire cet heureux résultat social que le patronage des *riches*, des *puissants*, appliqué à des entreprises loyales, rationnelles, empreintes d'un progrès saillant, et dirigées vers un but d'utilité générale ?...... Ce patronage secourable relèverait et réhabiliterait l'industrie *sociétaire*, si pervertie dans ces dernières années et tombée dans une déplorable atonie ; ce patronage, puissamment moralisateur et impulsif, serait comme une *sainte alliance sympathique* de ceux qui *possèdent* avec ceux qui *travaillent*, produite par une fusion d'intérêts de laquelle naîtraient une foule d'idées et de sentiments favorables à l'ordre public.

Ce qui est déplorable, c'est que les héritiers de noms que la France et l'Europe sont habituées depuis des siècles à respecter, et qui devraient se faire un point d'honneur de répandre sur les emplois publics le prestige qui les environne encore, s'enferment dans leurs châteaux et s'isolent du monde. — Les grandes fortunes qui devraient rivaliser de hardiesse dans toutes les entreprises nationales où le bien public ne peut s'acheter qu'au prix de risques et de sacrifices, sont les plus timides, les plus âpres à réclamer des garanties, les plus empressées, au moindre signe de perturbation, à rentrer sous les verroux du coffre-fort, au risque de faire crouler les industries qu'elles étayaient......

« Mais derrière cette France, qui semble s'assoupir un moment ; derrière cet esprit public, qui semble se perdre, qui s'amortit un instant, il y a une autre France, un autre esprit public ; il y a une autre génération d'idées qui ne s'endort pas, qui ne vieillit pas avec ceux qui vieillissent, qui ne se repent pas avec ceux qui se repentent ; qui ne se trahit pas avec ceux qui se trahissent eux-mêmes, et qui, un jour, sera tout entière avec nous. — Quand une idée vraie, une idée juste, qui doit faire avancer dans la voie du progrès, a été mûrie longtemps, elle finit par triompher, car rien de vrai n'est jamais mort dans le sol de la France (1). »

Ce ne fut point tout de suite et par hasard que Christophe Colomb trouva une Reine intelligente qui le comprit, le protégea et lui donna le vaisseau qui devait rapporter un nouveau monde.....

Imprimeur-Gérant des PINOSCAPHES de la Garonne.

---

(1) M. de *Lamartine*. — Séances de la Chambre des Députés, 28 Janvier et 23 Mars 1843.

PYROSCAPHES

DE LA GARONNE.

———

NOTES

EXPLICATIVES ET JUSTIFICATIVES.

Per varios usus artem experientia fecit,
Exemplo monstrante viam.........

MANILIUS.

Par mille essais divers la sage expérience,
Par l'exemple guidée, a formé la science.

Bateaux en fer.

En disant que les *coques* des *Pyroscaphes* seront *en fer*, nous n'avons pas énuméré les avantages qui distinguent les bateaux à vapeur de ce genre de construction :

1° Une dépense moins considérable sur le premier établissement ;

2° Une durée infiniment plus longue que celle des bateaux en bois ;

3° Moins de tirant-d'eau ;

4° Une vitesse plus grande ;

5° Une économie sur le combustible ;

6° Économie sur les frais d'entretien et de réparation ;

7° Les bateaux en fer, dans la navigation fluviale, sont bien mieux à l'abri des voies d'eau que ceux de bois.

Machines.

Quelques praticiens établissent une distinction entre les machines à expansion et les machines à pression constante, et désignent les premières sous le nom de *machines à moyenne pression,* et les secondes sous celui de *machines à haute pression.* En France, les instructions et ordonnances n'admettent que deux espèces de machines : celles à basse et à haute pression.

On entend par *basse pression* la tension de la vapeur quand elle n'atteint pas deux atmosphères (1) ; à partir de cette limite jusqu'à l'infini, la vapeur est à *haute pression,* quand même elle serait employée avec expansion et condensation.

Le préjugé absurde qui était répandu en Angleterre contre les machines à haute pression commence à disparaître ; car, d'après M. Dupin, l'usage de ces machines, loin de se restreindre, s'étend au contraire dans la Grande-Bretagne. Il en est de même en France où l'on reconnaît tous les avantages que procurent les machines à pression élevée.

———

(1) Dans le langage technique des machines à vapeur, on appelle *atmosphère* une pression (ou expansion élastique de la vapeur) équivalente à 1 kilogramme et 33 millièmes (ou grammes) sur chaque centimètre carré de la surface du piston : — poids moyen, résultant des travaux de MM. *Arago* et *Dulong* , adopté par l'Académie des Sciences.

1° Elles exigent de moins grandes capacités pour contenir de la vapeur très-comprimée, de là elles n'ont besoin que d'un espace peu développé ;

2° Elles offrent une économie de 30 pour cent sur le combustible, qui résulte des effets d'une température élevée ;

3° Elles permettent de proportionner le pouvoir à la résistance dans le cas où l'effet à produire ou bien la charge viendrait à varier.

Un fait de statistique mécanique est constaté, c'est que le nombre des explosions des chaudières à *basse pression* a été double de celui des générateurs à *haute pression*.

Les machines des *Pyroscaphes* seront à *détente* et à *condensation*, parce que ces machines consomment un tiers de combustible de moins que les machines à basse pression, qui ont encore l'inconvénient d'être, à force égale, plus volumineuses, et, par conséquent, d'un poids plus considérable : ce sont là trois graves inconvéniens dans la navigation à vapeur.

L'appareil moteur du *Pyroscaphe n° 1* ne pèsera, en totalité, *au maximum* (*Traité*, article 1er) que 33 tonneaux.—Suivant les erremens suivis jusqu'ici sur la Seine et ailleurs les machines de bateaux, pour les rivières, ont pesé environ mille kilogrammes par force de cheval-vapeur : c'était la principale cause du trop grand tirant-d'eau des bateaux armés d'appareils destinés à leur imprimer une certaine vitesse.

Combustible.

Nous revenons encore sur la question de la consommation du combustible, qui est la plus importante dans l'emploi de la vapeur pour la navigation, et nous ajouterons quelques observations à celles que nous avons présentées à la page 20, article des *Frais divers*.

Le combustible des *Pyroscaphes* sera le *coke;* les qualités qui le font préférer se résument ainsi :

Ne pas donner de fumée noire par sa combustion. A poids égal développer une plus grande quantité de chaleur que le bois, la houille ou la tourbe. Pouvoir brûler en grande masse et, pourtant, exiger moins de surface de grille pour une moindre quantité brûlée dans un temps donné ;

Ne pas attaquer, comme le feraient la houille et la tourbe, les parois des foyers par suite de la présence du soufre, et ne pas engorger les canaux de la circulation par les dépôts de produits bitumineux ;

Donner à beaucoup meilleur marché que le charbon de bois (du moins en France) des quantités égales de chaleur ;

Être plus répandu dans le commerce que le charbon de tourbe ; être de qualité moins variable — donner moins de cendres à poids égal — exiger moins de surface de grille : surtout, être beaucoup mieux purgé pratiquement du soufre que contenait la substance dont on l'a extrait.

L'énumération de ces qualités spécifiques du coke doit faire comprendre la suppression de la cheminée sur les *Pyroscaphes*...........

Nous allons corroborer nos observations sur l'*économie du combustible* (p. 20) par les chiffres suivants, que nous tirons du grand tableau de l'atlas du *Manuel du Constructeur de Machines*, par M. C.-E. JULLIEN (ingénieur civil, professeur de mécanique et inspecteur des machines à vapeur du département de la Seine).

Consommation de houille, par heure, dans des machines de :

100 chevaux-vapeur, à condensation. — Sans détente,	500 kil. Avec détente,	260 kil.
125 — — —	613 —	343
150 — — —	720 —	360
175 — — —	823 —	403
200 — — —	920 —	340

Cheminée et fumée supprimées.

La cheminée surcharge un bateau à vapeur ; elle ralentit sa marche surtout contre le vent de *bout*, et si le vent souffle en travers de la rivière (comme l'Ouest, à violentes rafales, sur la Garonne) la cheminée devient un levier qui imprime le roulis au bateau ou lui fait *donner la bande*. On a vu cet effet se produire jusqu'au point d'*embarquer* l'eau par les sabords du vapeur.

Lorsqu'on brûle sur une grille un combustible surchargé de goudron et de carbone, une partie de ce carbone, mêlée à une petite quantité d'huile volatile décomposée, se dégage en échappant à la combustion et produit une *fumée noire*. Moins on jetera d'air sur une quantité donnée de combustible, moins la combustion sera complète et plus il se produira de fumée; et plus, en conservant la même température de combustion, on dirigera d'air sur le combustible, plus la combustion sera complète, et la *fumée brûlée*.

Au moyen d'un *tirage* actif, disposé d'une certaine façon, les émanations du fourneau du *Pyroscaphe* seront absorbées et deviendront invisibles.

Les voyageurs, délivrés ainsi du grand inconvénient de la fumée noire, cendrée, corrosive et qui tache les vêtements sur les bateaux à vapeur ordinaires, ne verront pas non plus s'abaisser sur leur tête, à chaque pont, une lourde et menaçante cheminée, dont l'inclinaison diminue le tirage du fourneau et la puissance de la machine, précisément dans les circonstances qui exigent le plus de force.

Les *Pyroscaphes* seront *sans cheminée et fumivores*.

Condensation. — Eau distillée.

Il faut qu'on nous permette une digression sur l'utilité du *condenseur* et de l'alimentation des chaudières avec de l'*eau distillée*, sous les rapports de l'*économie* et de la *sécurité*.

Le mouvement est imprimé à la machine par le changement alternatif de l'eau en vapeur et de la vapeur en eau. La vapeur qui sort du cylindre, après avoir agi sur le piston, passe dans le condenseur, où (dans le procédé ordinaire), *se mêlant à un jet d'eau froide*, elle se résout en eau chaude, destinée à remplacer dans la chaudière les pertes causées par l'évaporation. Si l'on rejetait cette eau provenant de la condensation, et qui est à une haute température, on perdrait une quantité proportionnée de la chaleur produite par le combustible, puisque l'eau qui la remplacerait, étant à une basse température, doit recevoir une augmentation de chaleur correspondante avant d'arriver à la vaporisation. En effet, la perte de combustible qui en résulterait serait proportionnelle à la quantité d'eau rejetée, multipliée par la différence de température entre celle-ci et celle qui la remplace. Ce ne serait cependant point le seul inconvénient de ce procédé : il restreindrait la production de vapeur, et la force motrice que le générateur doit fournir à la machine serait diminuée. Alors, pour produire le même effet, le générateur devrait être proportionnellement plus grand et occuper plus de place dans le bateau.

L'eau d'alimentation des machines ordinaires des bateaux est de l'eau de la rivière. On sait que cette eau contient en suspension des substances calcaires, siliceuses, alumineuses. L'action de la chaleur vaporise l'eau, mais non pas ces substances. « Ces matières terreuses qui s'amassent dans la chaudière et dans les « tubes, épaississent l'eau, rendent son ébullition difficile; on est donc obligé de faire un feu très-violent, « qui rougit les bouilleurs, et ne peut tarder à les brûler. Jusque-là, la machine devient *lourde*, parce que « la chaudière ne fournit plus assez de vapeur, et l'influence de ces dépôts sur la quantité de vapeur pro-« duite et de combustible consommé est si grande, que dans les premiers jours qui suivent un nettoyage, « la consommation du combustible se trouve réduite de 8 à 10 pour cent. En outre, une grande quantité de « terre salit à chaque instant les soupapes de sûreté, et cest entraînée jusque dans les cylindres et sur les « pistons; de sorte qu'un nettoyage immédiat est aussi important pour la machine que pour la chaudière « elle-même : elles se détériorent aussi vite l'une que l'autre. — Une machine de 10 chevaux, qui produit en « 12 heures 3,600 kilogrammes de vapeur, donnerait par jour 600 grammes de dépôt, en la supposant ali-« mentée par de l'eau de Seine. Après un mois de travail, le dépôt serait donc de 16 kilogrammes environ, « et cette quantité est déjà dangereuse. Mais la plupart du temps, l'eau que l'on emploie contient 10 ou 15 « fois plus de dépôt terreux que les eaux de la Seine. La quantité de dépôt formé au bout d'un mois serait « donc proportionnelle (1). »

Quand l'évaporation continue, l'eau finit par être tellement saturée de ces substances terreuses, qu'elles se précipitent et forment une croûte dure, adhérente à la surface de la tôle de la chaudière. Ce précipité est d'autant plus abondant que l'eau de la rivière est plus limoneuse. Ces incrustations s'épaississent davantage et plus promptement dans les bouilleurs ou chaudières là où l'action du feu est plus vive. Cette couche calcaire étant moins perméable au calorique que le métal des générateurs, la consommation du combustible

(1) GROUVELLE et JAUNEZ. — *Guide du chauffeur et du propriétaire de machines à vapeur.* — Paris, 1840, 2e édition, in-8°, page 108.

s'augmente en proportion de l'épaisseur de l'incrustation. Elle isole le métal du contact de l'eau : il peut rougir par l'action du feu. Alors, si l'incrustation vient à se gercer par les différences de dilatation de la tôle et des matières adhérentes, l'eau arrivant au contact du métal incandescent, une production abondante et subite de vapeur devient explosive — car les *rondelles-fusibles* et les soupapes de sûreté ne peuvent pas ouvrir assez promptement une sortie assez large à l'expansion instantanée.

Quand les fourneaux sont froids, on dégage les générateurs à vapeur de ces incrustations au moyen de *ringards* acérés ou d'un martelage au ciseau : cette opération fatigante est une dépense et fait perdre du temps.

Pour prévenir tous ces inconvénients, on remplira tout d'abord la chaudière d'eau distillée, libre de toute matière saline et terreuse; LA CONDENSATION S'OPÉRERA SANS INJECTION………… Ainsi, l'on conservera pure l'eau qui sera produite par la condensation pour la reverser dans la chaudière, de sorte que la chaudière sera continuellement alimentée par la même eau circulant dans la machine. Il y aura, cependant, une perte d'eau pour le jeu des soupapes, mais elle sera peu considérable, et on la remplacera par de l'eau de rivière qui passera dans un appareil distillatoire, auxiliaire du générateur à vapeur.

Cette combinaison mécanique et constructive ne pouvait être établie que dans des bateaux aussi grands que les *Pyroscaphes*. Ainsi, nous serons à l'abri d'une cause imminente d'explosion ; nous gagnerons l'argent et le temps que d'autres consomment au nettoyage de leurs chaudières; enfin, nous économiserons l'augmentation de dépense de combustible qu'occasionnerait l'incrustation pour élever le *chauffe* au degré qui maintiendrait la production de la vapeur à la quantité et à la tension uniformes nécessaires à la machine.

Détente variable.

« Depuis quelques années, on a trouvé un grand avantage à ne pas laisser une libre communication entre la chaudière et le cylindre, pendant toute la durée de chaque oscillation de la machine. Cette communication est interrompue quand le piston, par exemple, arrive au tiers de sa course. Les deux tiers restants de la longueur du cylindre sont alors parcourus en vertu de la vitesse acquise, et surtout par l'effet de la *détente* de la vapeur. *Watt* avait déjà indiqué ce procédé (1). De très-bons juges placent la *détente*, quant à l'importance économique, sur la ligne du *condenseur*. Il paraît certain que depuis son adoption les machines du Cornouailles donnent des résultats inespérés (2). »

« Néanmoins, il y a toujours un avantage incontestable à profiter de cette force décroissante de la vapeur, et c'est ce qu'on se propose en fermant la communication entre la chaudière et le cylindre, lorsque le piston a parcouru une portion quelconque de sa course, ainsi que nous l'avons établi plus haut. Mais, dans ce cas, comment évaluer la puissance mécanique de la vapeur? Supposons qu'on se serve de la vapeur à deux atmosphères de pression, et qu'à l'arrivée du piston au milieu de sa course la communication soit fermée : à ce point, le piston, animé d'une vitesse qui dépend et de la tension ci-dessus et du degré de résistance que le travail lui oppose, continue de fuir devant la vapeur, qui prend incontinent de l'expansion ; mais comme la force de celle-ci décroît, la vitesse du piston doit décroître aussi graduellement jusqu'au bout de sa course. Or, ici, la tension de la vapeur, occupant un espace double, n'est plus que moitié de la tension primitive, c'est-à-dire qu'elle n'est plus que d'une atmosphère, lorsque le piston a achevé sa course. »

« Mais il faut remarquer que, pour arriver là, la vapeur a passé successivement par tous les degrés de force intermédiaires entre deux atmosphères et une atmosphère de tension. Il faudrait donc, pour évaluer la puissance, tenir compte de la somme de toutes ces actions décroissantes; c'est ainsi du moins que l'a proposé *Watt*, à qui nous devons un tableau concernant la manière d'évaluer l'expansion. »

« Il suppose que la longueur de la course est divisée en *vingt parties égales*, et qu'on cesse d'introduire de la vapeur lorsque le piston est arrivé au quart de la course; il admet, en outre, que la force de la vapeur décroît suivant la loi de *Mariotte*, c'est-à-dire que cette force est en raison inverse du volume que prend la vapeur par expansion. »

(1) Le principe de la détente de la vapeur, déjà nettement indiqué dans une lettre de *Watt* au D' *Small*, portant la date de 1769, fut mis en pratique en 1776 à Soho, et en 1778 aux *Shadwell Water Works*, d'après des considérations économiques. L'invention et les avantages qu'elle faisait espérer sont pleinement décrits dans la patente de 1782. *(Note de M. Arago.)*

(2) ARAGO. — *Éloge de Watt.*

« En additionnant les divers nombres de la colonne qui représente les diverses actions, ou, si l'on veut, les divers degrés de pression de la vapeur sur le piston, à chaque partie de la course, on trouve pour somme totale 11,573. Si la vapeur, dont l'action est ici représentée par l'unité, avait été fournie pendant toute la durée de la course, il y aurait eu 20 actions, dont chacune aurait été équivalente à 1; la force aurait donc été égale à 20.—Quand elle n'est fournie que jusqu'au quart de la course, la force n'est que de 11,573/1000 au lieu de 20; mais aussi on n'a employé que le quart de la quantité de vapeur qu'on eût consommée dans le premier cas. c'est-à-dire sans expansion; et cependant on a obtenu plus de la moitié de la force, puisque 11,573 est environ les 55/100 de cette force. Il est bon d'observer toutefois que la course ne s'achève pas dans le même temps, et qu'elle est retardée (1). »

Parcours intermédiaires.

Nous n'avons porté, dans nos calculs statistiques, qu'à 10 pour cent de la quantité principale, les voyageurs que toutes les escales intermédiaires échangent entr'elles et avec les villes des deux extrémités de la ligne. C'est une quantité, cependant, qui pourra être plus importante dans le produit du transport : nous appelons l'attention sur cette question.

Il résulte des faits nombreux recueillis par M. *Minard*, ingénieur divisionnaire des ponts-et-chaussées (2) que, « lorsque, sur un chemin de fer terminé par deux grandes villes, on compare la circulation des voya-« geurs allant d'une de ces villes à l'autre, avec la circulation de ceux que donnent ou reçoivent les points « intermédiaires, on est frappé de la grande influence de ces dernières relations, *lesquelles donnent sou-* « *vent la prépondérance au parcours partiel sur le parcours total*. »

Les tableaux comparatifs dressés par l'auteur d'après les rapports officiels des administrations des chemins anglais, belges et français, établissent cette conséquence avec une complète évidence et révèlent des faits inattendus. Nous n'en citerons que quelques-uns.

Sur les chemins de Saint-Germain et de Versailles, le parcours partiel est au parcours total dans le rapport de 20 à 100, malgré la petite distance qui sépare les extrémités et malgré les circonstances tout exceptionnelles qui sont ici en faveur du parcours total.

Sur le chemin de Paris à Corbeil, le rapport du parcours partiel au parcours total est déjà de 40 p. 0/0 : et sur le chemin de Givors à Saint-Chamond, ce rapport s'élève à 85 p. 0/0.

Voici encore deux résultats remarquables obtenus par M. *Minard*.

Sur le chemin de Saint-Etienne à Lyon, le rapport du parcours partiel au parcours total est de 60 p. °/₀. — « Lyon et Saint-Etienne, villes de 160,000 et de 40,000 âmes, ajoute l'auteur, étaient en rapports indus-« triels connus, et l'on pouvait présager des relations multipliées; mais on ne s'attendait pas à voir ces « relations dominées par les intérêts intermédiaires, en apparence secondaires. »

Sur le chemin de Bruxelles à Malines, la petite ville de Vilvorde, comptant à peu près 3,000 habitants, demanda à avoir une station; l'administration y consentit. Il a été constaté, depuis, que cette ville donnait ou recevait à sa station plus de 160,000 voyageurs par an.

De tels chiffres, quand ils sont nombreux et concordants comme ceux qu'a rassemblés M. *Minard*, ne laissent aucun doute sur l'existence d'une loi générale qui doit s'appliquer également aux systèmes de circulation en voitures sur les routes ordinaires, ainsi qu'en bateaux à vapeur sur les rivières.

En raisonnant donc d'après l'analogie, si grande, de la navigation fluviale à vapeur avec les chemins de fer,— quant à la vitesse attrayante, aux larges moyens de transport et aux nombreuses stations,— nous ferons remarquer qu'en ne portant dans nos calculs de recettes, tout le transport de voyageurs entre les escales intermédiaires de la ligne fluviale que pour une si faible quotité additionnelle (10 p. 100), nous réduisons, certainement, d'une forte somme, notre évaluation du bénéfice des *Pyroscaphes*. Qui sait si sur la Garonne, le produit du parcours partiel ne dépassera pas 20 p. 0/0 de la recette du parcours total, dont nous avons donné le calcul approximatif?

_____

(1, CHRISTIAN, *Mécanique industrielle*, t. II, p. 309.—In-4°, Paris, 1823.

(2, *Importance du parcours partiel sur les chemins de fer*.—PARIS, 1842, brochure.

NAVIGATION FLUVIALE A LA VAPEUR.

TABLEAU COMPARATIF DES CONDITIONS DE QUELQUES BATEAUX DE LA SAONE, DU RHONE ET DE LA GARONNE.

FLEUVE & RIVIÈRES OU CIRCULENT LES BATEAUX A VAPEUR, ET ÉTENDUE de leur ligne de navigation	Noms des BATEAUX A VAPEUR.	Dimensions			Tirant d'eau	Charge	APPAREIL MOTEUR.					AIRE de PLAN ou résistance éprouvée	FORCE (Chevaux-vapeur) appliquée au déplacement du bateau	SURFACE de plan déplacement éprouvée	DURÉE du VOYAGE		VITESSE du VOYAGE		DATE DE LA MISE en service	Noms des CONSTRUCTEURS.	OBSERVATIONS.
							SYSTÈME.														
Saone. NAVIGATION Entre Châlon et Lyon	Le Faon n° 2							Watt										Mandslay		
	Le Cygne							Watt										Miller	Les chaudières de ces quatre bateaux sont cylindriques à fonds plats.
	Hirondelle n° 2							Watt										Murray	
	Hirondelle n° 3							avec détente										Murray	
Rhône. NAVIGATION Entre Lyon et Arles	Le Faon n° 4							avec détente										Mandslay	Chaudière rectangulaire.
	Le Faon n° 3							condensation et détente										Mandslay	Chaudière rectangulaire.
	La Sirène n° 2																	Ed. Bury	Chaudière tubulaire, chauffée au coke.
	Le Commerce																	Schneider	Chaudière tubulaire.
Garonne. NAVIGATION Pour Bordeaux et Agen	Zélain n° 1							sent détente										Jollet	Chaudière à tubes cylindriques.
	Garonne n° 3																	Jollet	Chaudière à tubes bouilleurs.
	Sapphanes																	Taylor	Chaudière à tubes cylindriques.
	La Picardie							détente et condensation										Jollet	Chaudière à tubes bouilleurs.
NAVIGATION Entre Bordeaux et Bayonne 80 kilomètres	Hydrofuge n° 1							Unic condensation et détente										Dieu et la spin...	Chaudière tubulaire.

PENTES DU RHONE, DE LA SAONE & DE LA GARONNE.

INDICATION DES PARTIES DU COURS DE LA RIVIÈRE QUI ONT Des Pentes Différentes.	LONGUEUR développée du cours le moins de la rivière	PENTE totale entre les deux points indiqués	PENTE moyenne par kilomètre
RHONE.			
De Lyon (du pont de la Mulatière) à Givors	13,170	4,25	0,343
De Givors à Vienne	11,013	5,23	0,474
De Vienne à l'embouchure de la Varaise	10,530	7,31	0,112
De l'embouchure de la Varaise à celle du Drôme	11,690	7,14	0,510
De l'embouchure du Drôme à celle du Brézil	8,921	3,96	0,445
De l'embouchure du Brézil à celle de la Galaure	7,996	3,12	0,392
De l'embouchure de la Galaure à celle de l'Isère	26,308	13,83	0,263
De l'embouchure de l'Isère à Valence	6,376	4,32	0,686
Du Valence à l'embouchure du Ley	93,381	70,81	0,749
De l'embouchure du Ley à Roquemaure	21,120	11,77	0,114
De Roquemaure à Beaucaire	40,830	11,70	0,304
De Beaucaire à Arles	13,310	4,19	0,288
Totaux et pente moyenne	280,876	140,81	0,503

INDICATION DES PARTIES DU COURS DE LA RIVIÈRE QUI ONT Des Pentes Différentes.	LONGUEUR développée du cours de la rivière	PENTE totale entre les deux points indiqués	PENTE moyenne par kilomètre
SAONE.			
Du pont de Châlon à celui de Mâcon	61,300	2,73	0,044
Du pont de Mâcon à Trévoux	49,000	3,20	0,066
De Trévoux à Lyon	30,000	5,71	0,191
Totaux et pente moyenne	140,300	11,35	0,082
GARONNE.			
Du confluent du Fers à la limite inférieure du département	38,400	14,99	0,389
De la limite du département de Tarn-et-Garonne à Agen	20,115	8,33	0,414
D'Agen au confluent du Lot	13,774	13,31	0,398
Du confluent du Lot à la limite inférieure du département de Lot-et-Garonne	51,537	14,19	0,274
A la limite du département de Lot-et-Garonne à Langon	35,601	5,88	0,211
Le Langon à Langoiran	25,110	3,76	0,152
De Langoiran à Bordeaux	21,999	0,93	0,042
Totaux et pente moyenne	216,926	61,29	0,300

VITESSES DES BATEAUX A VAPEUR
SUR LA SAÔNE, LA GARONNE ET LE RHÔNE.

RIVIÈRES ET FLEUVE où naviguent les BATEAUX.	Bateaux A VAPEUR. — (Le plus et le moins rapide de chaque rivière.)	FORCE de la MACHINE en nombre du chevaux-vapeur.	AIRE du plan de RÉSISTANCE immergé.	FORCE (chevaux-vapeur), appliquée à chaque mètre carré du plan DE RÉSISTANCE.	SURFACE du plan de RÉSISTANCE trainée par chaque cheval-vapeur.	VITESSE du BATEAU à la remonte, par seconde.	PENTE moyenne de la RIVIÈRE par kilomètre.	DISTANCE parcourues par les BATEAUX A VAPEUR.
			m.m. cc	x	cc	m c	m m	
SAONE......	+Hirondelle nº 5.	60	2,4000	25,00	400	4,20	0,082	DE LYON A CHALON : 135 kilomètres.
	—Papin nº 2.......	40	2,4221	16,51	605	3,13		
GARONNE...	+Picardie..........	60	2,8800	20,83	480	3,00	0,300	DE BORDEAUX A AGEN : 131 kilomètres.
	--Espérance.	40	2,1080	12,86	777	2,33		
RHONE......	+Sirius nº 2.......	180	4,0000	45,00	222	2,20	0,562	D'ABLES A LYON : 286 kilomètres.
	—Papin nº 4.......	70	3,9000	17,94	357	1,58		
GARONNE...	Pyroscaphe nº 1..	120	2,7500	43,63	229	3,80	0,300	DE BORDEAUX A MOISSAC : 235 kilomètres.

Navigation de la Saône.

« La profondeur de la Saône entre Verdun et Lyon (166 kilomètres environ) ne présente point d'uniformité; en temps d'étiage elle varie depuis 0^m,50 jusqu'à 6^m,20^c. »

« Enfin la vitesse des eaux en étiage est de 0^m,10 dans les fosses ou biefs et s'élève jusqu'à 2^m,00 sur quelques rapides, comme ceux de Trévoux à Lyon; elle est alors en moyenne de 0^m,50^c par seconde; en bonnes eaux les pentes et la vitesse tendent à s'uniformiser, et on peut estimer à 1^m,00 par seconde la vitesse moyenne en hautes eaux ordinaires. »

« Les crues de la Saône ont lieu en février, mars et novembre, et quelquefois en juin; elles se font lentement et s'élèvent ordinairement à 5^m,00 et 6^m,00 au-dessus de l'étiage; or, comme la hauteur des berges vers Châlon et Mâcon est de 4^m,30 à 5^m,00 au-dessus de l'étiage, il en résulte que lorsque les crues ont atteint ce niveau, les prairies voisines sont tellement inondées, qu'il est alors fort difficile de se bien diriger, et que les bateaux à vapeur sont exposés à quitter le lit de la rivière et à s'échouer sur l'une ou l'autre rive, ainsi que cela est plusieurs fois arrivé. Un balisage de la rivière rendrait dans ce cas de grands services et devrait être effectué. »

« Il y a sur la Saône un assez grand nombre de ponts suspendus, dont cinq devraient avoir leurs tabliers relevés au moins de 0^m,70^c pour faciliter la navigation dans les hautes eaux. »

« Les paquebots à vapeur destinés au transport des voyageurs ont commencé à être établis sur la Grande-Saône (de Châlon à Lyon) vers l'année 1826. On a d'abord employé de petits bateaux à coque en bois et à fond plat dont la longueur était d'environ 25 mètres, et la largeur égale au cinquième de la longueur. Ces bateaux avaient une seule machine de la force de quatorze à seize chevaux; cette machine était à basse-pression, à condensation et à balancier, construite sur le système de Miller, avec un bâti massif et une chaudière rectangulaire d'un grand volume. La grande pesanteur de ce genre de machine donnait d'ailleurs à ces bateaux un fort tirant-d'eau qui gênait beaucoup leur navigation; la trop grande largeur de la coque nuisait aussi beaucoup à la vitesse; enfin, l'emploi d'une seule machine rendait les mouvements difficiles en même temps qu'elle occasionnait des chocs désagréables aux voyageurs et destructeurs pour le bateau. »

« C'est en 1842 qu'a été construit, en tôle, le beau bateau l'*Hirondelle* n° 5, qui est en ce moment le premier paquebot de la Saône. (Voir le *Tableau comparatif*..... ci-dessus p. 36). »

« ...... On peut croire que la navigation à vapeur de la Saône fera encore d'autre progrès et pourra profiter un jour des nombreuses modifications que l'on essaie d'apporter soit aux machines, soit à la navigation de la rivière elle-même. »

« Neuf bateaux appartenant à trois compagnies différentes sont en ce moment employés à la navigation de la Saône, et six d'entre eux font régulièrement le service de Châlon à Lyon. Chaque jour il descend et remonte par conséquent trois bateaux qui partent à des heures fixes, à demi-heure d'intervalle les uns des autres et dans un ordre indiqué par la police municipale, afin d'éviter toute lutte entre eux. Ces bateaux s'arrêtent à différents ports fixés par des arrêtés de préfecture ; là l'embarquement et le débarquement des voyageurs s'effectuent sur des pontons qui préservent de tous dangers. Ces mêmes bateaux sont soumis à Châlon et à Lyon à l'inspection de deux commissions de surveillance qui s'assurent que les mesures de sûreté prescrites par les règlements sont toujours parfaitement remplies. Conduits en outre par des mécaniciens entendus et des pilotes exercés, ils offrent dans leur marche toute sécurité aux voyageurs. Il est remarquable à ce sujet que depuis quinze ans que la navigation a la vapeur a lieu sur la Saône, il ne soit arrivé aucun accident qui ait été occasionné par l'emploi même de ce moteur. »

« Aujourd'hui les voyageurs trouvent toutes les commodités possibles dans les paquebots de la Saône, dont l'amélioration ne laisse rien à désirer. Ils font avec rapidité et sans fatigue le voyage entre Châlon et Lyon, et peuvent jouir pendant le trajet de la vue des belles campagnes qui, en aval de Mâcon, bordent les deux rives. Tandis que par les *Messageries* ils mettraient douze à quatorze heures à faire ce voyage, et dépenseraient de 8 à 12 francs ; par les paquebots ils ne dépensent que 6 à 8 francs et ils arrivent en huit à douze heures. »

Navigation du Rhône.

« En raison de sa forte pente *(voyez le Tableau, page 37)*, le Rhône coule ses eaux avec une grande vitesse de Lyon jusqu'à Beaucaire ; cette vitesse, variable selon la force des eaux, est, à l'époque de l'étiage, de $1^m,00^c$ à $2^m,00$ par seconde, et à l'époque des hautes eaux, de 2^m à 3 mètres. Voici à peu près comment varie la vitesse moyenne en bonnes eaux. »

« De Lyon à Tain elle croit progressivement de $1^m,50^c$ à 2 mètres par seconde ;

« De Tain à la Voulte elle passe de $2^m,50^c$ à 3 mètres ;

« De la Voulte à Saint-Esprit elle descend à environ $2^m,38^c$;

« Enfin, de Saint-Esprit à Avignon elle n'est plus que de $1^m,15^c$. »

« Le volume des eaux du Rhône en étiage peut être estimé à Lyon à 400 mètres cubes par seconde, tandis que celui des eaux de la Saône est d'environ 80. Quant à la *profondeur* du Rhône entre Lyon et Beaucaire, M. l'ingénieur en chef Mondot de Lagorce dit, dans un mémoire récemment publié, qu'il est rare d'y rencontrer moins de $0^m,80^c$ d'eau, que c'est seulement sur environ 38 kilomètres que cette profondeur est de moins de 2 mètres, et que l'on trouve naturellement en tout temps plus de deux mètres sur tout le reste. »

« Les crûes du Rhône ont lieu en été par suite de la fonte des neiges ; elles s'élèvent alors moyennement de 5 mètres au-dessus de l'étiage, mais n'interrompraient point la navigation sans les obstacles qu'opposent alors à celle-ci le pont d'Avignon et quelques-uns des ponts suspendus. Le pont d'Avignon construit en bois sur pilotis, présente des arches extrêmement étroites sous lesquelles il est impossible de passer dès que les eaux sont un peu hautes, et il faudrait, comme on l'a déjà demandé, élargir le passage sur un point en formant une seule arche de deux arches contiguës. Les tambours des bateaux à vapeur s'élevant de 4 à 5 mètres au-dessus de la ligne de flottaison, les tabliers des ponts suspendus établis sur le Rhône devraient tous avoir une hauteur minimum de 5 mètres au-dessus des plus hautes eaux, tandis que plusieurs d'entre eux n'ont que deux mètres d'élévation, et qu'aucun n'a cette hauteur de cinq mètres à laquelle ils devraient tous être portés. »

« La différence de régime de la Saône et du Rhône a fait apporter aussi de grandes différences dans le mode d'organisation des navigations à la vapeur qui ont été établies sur ces deux rivières. Sur la Saône on a vu tout de suite la possibilité de remonter avec une vitesse suffisante le faible courant des eaux au moyen de machines peu puissantes et peu coûteuses, et d'établir avec avantage un service spécial pour les voyageurs, tandis que sur le Rhône au contraire on a entrevu tout d'abord la nécessité d'employer à grands

frais de fortes machines qui pussent vaincre la grande rapidité du fleuve, ainsi que la grande difficulté, si-
non l'impossibilité de remonter assez vite pour ramener des voyageurs. On dût dès lors s'organiser ici pour
opérer le transport des marchandises sur lesquelles il devait y avoir beaucoup à gagner, et se contenter de
faire les dispositions nécessaires pour transporter aussi à la descente les voyageurs que leurs affaires appel-
leraient dans le midi. Le résumé succinct que nous allons présenter des progrès déjà faits dans la navigation à la vapeur sur le Bas-Rhône, prouvera que les choses ont bien changé depuis son origine, et que si le
transport des marchandises est toujours l'objet principal, celui des voyageurs commence à prendre de
l'importance et mérite bien qu'on fasse quelque chose en sa faveur. »

« Les premières tentatives de navigation à la vapeur sur le Rhône remontent à 1827. Elles furent pendant quelques années complétement infructueuses. Il fallait, pour réussir, employer des bateaux portant
beaucoup, calant peu et allant vite; or, ici, comme sur la Saône, on fit d'abord usage de machines à basse
pression et condensation et de faible puissance, ainsi que de coques lourdes à formes courtes et larges : il
n'est pas dès lors extraordinaire qu'on ait été long-temps à atteindre le but. »

« En 1829 la Compagnie générale s'y organisa et fit construire le bateau le *Pionnier*, elle lui donna une
machine à basse pression de la force de 50 chevaux, et parvint à lui faire remonter le Rhône en employant
l'aide de cabestans, de bœufs et de chevaux. Ce premier succès engagea à faire construire trois autres
bateaux semblables auxquels on donna les noms de *la Ville-de-Lyon*, *la Ville-de-Valence*, et *le Rhône*.
Tous firent pendant cinq à six ans un service fort lent mais très-utile et qui était le commencement d'une
ère nouvelle pour le commerce des transports. Ces bateaux faits en bois avaient environ 40 mètres de longueur
et 6m,66e de largeur; ils portaient chacun deux machines de 25 chevaux à basse pression et à balancier, du
système de *Miller*, avec chaudières rectangulaires à galeries. Ils tiraient à vide 0m,80e, et avec une charge de
30 à 35 tonneaux 1 mètre. Ils consommaient environ 6 kilogrammes de houille par heure et par force de cheval, descendaient de Lyon à Arles en seize à dix-huit heures et mettaient soixante-dix à quatre-vingts heures
pour remonter d'Arles à Lyon. Un voyage, aller et retour, exigeait six jours. »

« Vers 1835 ces premiers bateaux furent successivement démolis et les machines placées dans d'autres
coques en bois auxquelles on donna des dimensions un peu différentes. Ces nouveaux bateaux encore exis-
tants, furent désignés sous les noms de *la Comète*, *la Flèche*, *l'Étoile* et *le Mercure*. Ils reçurent environ
45 mètres de longueur et 6 mètres de largeur, et prirent d'ailleurs à l'avant des formes un peu plus aiguës.
Par ces modifications le tirant-d'eau fut un peu diminué et avec le même chargement on parvint à faire sans
cabestans ni chevaux le trajet d'Arles à Lyon en cinquante à soixante heures. Dans ces bateaux, la vapeur a été maintenue à la pression d'une atmosphère et demie; les pistons à vapeur ont 0m,76e de diamètre et
autant de course, ils battent de trente à quarante coups à la minute. »

« En 1838, on construisit encore, sur la force de 50 chevaux, le bateau *la Sirène*; mais on lui donna
une coque en fer bien découpée, et, par suite de ce changement, ce bateau, marchant dans les mêmes conditions de pression et de vitesse que les précédents, pût remonter en quarante-cinq heures une charge de
40 tonneaux. Il est donc bien supérieur à ceux-ci, dont les coques en bois sont aujourd'hui très-imbibées
d'eau et ployées sous les machines. »

« Plus tard, vers 1840, la même Compagnie générale fit construire les deux bateaux *le Jupiter* et *le Nep-
tune*, chacun d'une force totale de 80 chevaux, et destinés à porter des chargements de 60 à 70 tonneaux.
Les machines sont toujours doubles, à basse pression et du système *Miller*. »

« Outre ces six bateaux, la Compagnie générale a encore *la Sylphide*, d'une force de 36 chevaux, et qui
est destinée au service particulier de Valence; elle descend en six heures en s'arrêtant aux différents ports
intermédiaires, et remonte en quinze heures. Cette remonte s'effectue en un seul jour pendant la belle saison; en hiver elle ne pourrait se faire ainsi, mais en s'arrêtant alors à Tournon, on pourra faire, l'hiver
comme l'été, le voyage de retour en un jour. »

« La Compagnie de l'*Aigle*, formée en 1838, a monté successivement six bateaux en bois, de formes svel-
tes et élancées, et les a distingués les uns des autres par des numéros, elle est d'ailleurs restée absolument
dans les mêmes conditions que la Compagnie générale, et n'a fait faire aucun progrès au nouveau mode de
navigation. Il en eût été autrement si ces bateaux eussent été construits en fer. Les *Aigles* nos 1 et 4 ont
reçu des machines à basse pression de la force totale de 36 chevaux, et ne donnent pas d'autres résultats que
les bateaux de même force de la Compagnie générale. »

« La Compagnie des *Papins*, formée en 1839, a monté six bateaux en fer qui sont également distingués par des numéros. Elle fait généralement usage de machines de forces peu différentes de celles employées par la Compagnie de l'Aigle, porte des chargements proportionnellement aussi forts, ne gagne encore rien en vitesse, mais diminue le calage et peut mieux naviguer en basses eaux. »

« En résumé, par l'emploi des machines à basse pression, la Compagnie générale est parvenue à vaincre toutes les difficultés qu'opposait le Rhône à la navigation à la vapeur ; elle a résolu la question du transport des marchandises par cette voie, et a remplacé avec avantage une partie du halage par les chevaux, qui devra bientôt succomber entièrement devant le développement de cette navigation. Aujourd'hui ses bateaux à vapeur remontent d'Arles à Lyon en 45 heures de marche avec un chargement de 60 à 70 tonneaux, et les transports de Marseille à Arles s'effectuent en quelques heures par d'autres bateaux à vapeur disposés pour la mer, elle peut rendre la marchandise de Marseille à Lyon en quatre jours, tandis que le halage par chevaux exige de 30 à 35 jours pour la seule remonte du Rhône. »

« La première Compagnie qui ait cherché à remplacer les machines à basse pression lourdes et encombrantes de *Miller*, par d'autres plus convenables pour un fleuve à faible tirant-d'eau, est celle des *Sirius*. Celle-ci songea d'abord à employer des machines à haute pression, sans condensation ni détente, et des chaudières tubulaires qui occupent moins de place que toutes les autres, et qui réunissent à la légèreté une surface de chauffe considérable. Elle adopte en outre la disposition des cylindres inclinés, qui permettent d'avoir de grandes courses et de guider, avec des parallélogrammes articulés, la tige du piston et les tiges parallèles des pompes d'épuisement et d'alimentation. — Dès 1838, cette Compagnie fit construire dans ce système les bateaux en fer *le Sirius* n° 1, de 90 chevaux, et *le Sirius* n° 3, de 100 chevaux. Ce dernier bateau marche à 8 atmosphères, tire à vide 0^m,60, et avec 100 tonneaux, 1^m,13^c. Il descend en 12 heures et remonte en 42 heures. »

« L'emploi de la vapeur à haute pression a donc conduit à ce résultat que, par le moyen de machines plus fortes que celles jusqu'ici généralement usitées, on a pu porter des poids proportionnellement plus lourds, sans augmenter le tirant-d'eau du bateau. La Compagnie des *Sirius*, après avoir acquis cette expérience, fit établir deux autres bateaux également en fer, savoir : les *Sirius* 2 et 4, avec machines à moyenne pression, détente, condensation et ventilateur et porta de suite la force de ces machines à 180 chevaux. C'est avec ces derniers bateaux qu'elle a enfin fait faire de grands progrès à la navigation à la vapeur sur le Bas-Rhône. »

« *Le Sirius* n° 2 a 56^m,66^c de longueur, et 6^m,66 de largeur ; il porte deux machines à cylindres inclinés de 0^m,711^m de diamètre, et 1^m,37^c de longueur de course, dans lesquels la vapeur à 4 atmosphères, introduite à l'aide de tiroirs, est détendue à volonté au tiers ou à la moitié de sa course, puis condensée, les pistons métalliques battent 30 coups à la minute...... Ce bateau tire à vide 0^m,60^c, et avec charge de 100 tonneaux, 1^m,13^c. Il descend en onze heures de Lyon à Arles, remonte en 35 à 36 heures d'Arles à Lyon, et ne consomme dans tout le voyage qu'environ 30,000 kilogrammes de coke, *soit 4 kilogrammes par heure et par force de cheval* (1). »

---

(1) À la page 20 du présent opuscule nous avons supposé que la consommation de combustible de la machine du *Pyroscaphe* sera de 5 kilogrammes de coke par heure et par force de cheval-vapeur ; à la page 32, nous donnons des chiffres qui viennent à l'appui des autorités que nous avons citées, pour montrer l'exagération de notre évaluation de cette dépense. Actuellement, nos lecteurs ne peuvent conserver aucun doute sur cette question, nous avons pour garant le fait expérimental du *Sirius* n° 2 (chauffé au coke) et qui est attesté par M. l'ingénieur W. *Manès*, sur la foi des renseignements qui lui ont été fournis par MM. *Pigeon*, ingénieur des mines, et *Pelletier*, garde-mines à Lyon, et partie par MM. Schneider, Bonardel et Manby.

Cette consommation seulement de 4 kilogrammes de coke par heure et par force de cheval pour la machine, de 180 chevaux, du *Sirius*, nous fait tirer la conséquence rigoureuse, incontestable, que la dépense quotidienne des deux *Pyroscaphes* (ascendant et descendant) portée (p. 20 et 21) à 600 francs, est forcée d'un cinquième (ou de 120 fr.) et doit être réduite à 480 francs. Ainsi, dans le calcul de notre RÉSULTAT FINANCIER (p. 22), notre dépense ayant été exagérée de 120 fr. par jour pour 330 jours d'activité, le *produit net* doit être augmenté de 39,600 francs (120 × 330), de sorte qu'au lieu de 61,436 fr. il faut poser 101,036 francs. Alors (p. 23) la somme finale à répartir aux actionnaires devenant celle de 69,477 fr., le dividende sera de 13 fr. 58 centimes pour cent ; par suite la somme de 35 fr. dans notre décompte s'élèvera à environ 58 fr., et l'action de 500 francs, de la catégorie des 800 premiers numéros, aura reçu 133 fr. pour son annuité.

(A. G. M. S.)

« En 1840, la maison *Bonardel*, de Lyon, est venue monter une nouvelle concurrence, et elle a suivi la voie de perfectionnement qui avait été ouverte par la Compagnie des *Sirius*, en faisant choix de machines à moyenne pression, détente et condensation. Elle a d'ailleurs donné un excellent exemple en s'affranchissant de l'intervention des Anglais, et en confiant à l'établissement du Creuzot la construction des coques et machines de quatre grands bateaux de la force de 80 et 100 chevaux. Les deux premiers, qui ont commencé leur service en mars 1841, sont chacun de la force de 80 chevaux et portent les noms de *Crocodile* et de *Marsouin*. Ces bateaux ont été montés à Châlon sur les dimensions et lignes de construction qui ont paru les plus convenables aux constructeurs pour porter la charge et obtenir la vitesse qui était garantie par le marché. »

« Les deux derniers bateaux, établis par MM. Bonardel, sont ceux du *Mistral* et du *Sirocco*, qui sont construits dans le même système que *le Crocodile* et *le Marsouin*. Ils en diffèrent toutefois par les proportions, par la force des machines qui est de 100 chevaux, ainsi que par le mode de distribution de la vapeur, et par la disposition de la pompe à air et du condenseur. Ils tirent à vide 0^m,68^c, et, avec une charge de 100 tonneaux, 1^m,03^c.

« En résumé, il existe sur le Bas-Rhône vingt-huit bateaux à vapeur d'une force totale de 2,288 chevaux, qui ont été établis par cinq Compagnies différentes et font maintenant entre Lyon et Arles le transport des marchandises et des voyageurs. Cette navigation, qui se fait déjà assez régulièrement, n'éprouvera plus que fort peu d'interruption chaque année, après l'achèvement de travaux qui ne doivent être ni très-longs ni très-dispendieux ; enfin elle est arrivée à une vitesse qui ne paraît pas encore rendue à sa dernière limite. » (1)

Navigation de la Garonne.

Avant d'exposer les conséquences qui résultent du *Tableau comparatif des bateaux à vapeur* de la Saône, du Rhône et de la Garonne, nous avons dû présenter le parallèle du régime des *Pentes* de ces trois voies fluviales, afin que l'on puisse se faire une idée exacte des relations qui existent entre l'aire du plan de résistance des bateaux—leur force locomotive—et les courants qu'il faut vaincre à la *remonte*.

Dans cet objet, rapprochant les nombres qui concernent le bateau dont la vitesse a été supérieure sur la Saône, le Rhône et la Garonne, avec le bateau le moins rapide des mêmes lignes, nous en avons formé un petit tableau (p. 38) où l'on voit que la vitesse, par seconde, croît en raison du nombre de *chevaux-vapeur* appliqués au mètre carré du *plan de résistance* (ou de l'aire transversale immergée, au maître-bau du bateau). Cette vitesse croît aussi en raison de la réduction relative de la portion du plan de résistance que traîne chaque *cheval-vapeur* (2). Nous supposons (ce qui n'est pas rigoureusement exact) que les *formes* des bateaux sont à peu près semblables, et sensiblement égales pour favoriser leur marche : — cependant cette donnée constructive est la moins certaine des conditions comparatives, car elle ne peut pas être exprimée par des nombres, puisqu'elle gît dans les surfaces à doubles courbures de l'avant et de l'arrière de la carène du bateau, lesquelles résultent plutôt de l'expérience intelligente du constructeur que du calcul.

On voit que les pentes des trois voies fluviales sont très-différentes ; les vitesses et les résistances des courants le sont aussi proportionnellement, car le *Papin* de la Saône avec 16 chevaux (par mètre de son *plan de résistance*) remonte avec une vitesse de 3^m,13^c par seconde ; tandis que le *Papin* n. 4 du Rhône, avec environ 18 chevaux, ne parcourt qu'un mètre 58 centimètres. Le *Sirius*, avec 45 chevaux par mètre carré, n'a, sur le Rhône, qu'une vitesse à peu près égale à l'*Espérance*, navigant sur la Garonne avec environ 13 chevaux-vapeur par mètre carré du plan de résistance. Mais il faut considérer que les pentes moyennes du Rhône et de

---

(1) Les renseignements qui précèdent, sur la Saône et le *Rhône*, ainsi que les chiffres relatifs qui servent de base à nos tableaux de la page 36, sont extraits d'une notice *sur la navigation à la vapeur de la Saône et du Rhône*, par M. W. Minès, ingénieur en chef des mines. (*Annales des ponts-et-chaussées*, janvier 1843.) — C'est le travail le plus complet, le plus intéressant, qui ait été publié, jusqu'ici, en France, sur la navigation fluviale à la vapeur.

(2) Voyez après la présente *Note* sur la *navigation*, la définition du *cheval-vapeur*.

la Garonne (dans les distances parcourues) sont dans le rapport de 562 millimètres à 300 par kilomètre, et la vélocité des courants à peu près comme 3 est à 1.

Faisons le parallèle de notre *Pyroscaphe* avec le bateau la *Picardie*, puisqu'ils nageront dans les mêmes eaux. La surface du plan de résistance traînée par chaque *cheval-vapeur* du *Pyroscaphe*, sera de 229 centimètres carrés, et pour la *Picardie* c'est 480ᶜ ou plus du double. Les vitesses sont inscrites dans le rapport de 380ᶜ et de 300ᶜ par secondes. Ainsi dans notre calcul sur le *Pyroscaphe*, nous avons la résistance (comparativement à la *Picardie*) réduite de plus de moitié, et nous établissons les vitesses seulement dans le rapport de 100 à 78 (nombres qui représentent 380 et 300). Nous voyons cependant des rapports plus avantageux résulter de l'expérience sur la Saône et le Rhône, EN EFFET :

Le plan de résistance par cheval-vapeur qui est de 605 centimètres carrés dans le *Papin* n. 2, n'est que de 400 pour l'*Hirondelle* n. 5, ou environ d'un tiers de moins seulement, et cependant leurs vitesses par seconde, à la remonte de la Saône, est restée dans la proportion de 74 à 100.

Le *Papin* n. 4 du Rhône, et le *Sirius* n. 2 (*Tableau des vitesses*, p. 38), sont pour leurs plans de résistance comme 557 à 222 — ou comme 398 est à 100, et leurs vitesses (par la raison inverse) comme 71 est à 100.

La vitesse moyenne du courant varie :

> Sur la Saône, de 0ᵐ,10ᶜ en étiage à 1ᵐ,00ᶜ en hautes eaux, par seconde (*voir* p. 38) ;
>
> Sur le Rhône, de 1ᵐ,00ᶜ en étiage à 3ᵐ,00ᶜ en hautes eaux, par seconde (*voir* p. 39) ;
>
> Sur la Garonne, de 0ᵐ,43ᶜ en étiage à 1ᵐ,13ᶜ en hautes eaux, par seconde (1).

Si, dans notre comparaison du *Pyroscaphe* avec la *Picardie*, nous n'avons pas trouvé un avantage de vitesse du *Pyroscaphe* sur la *Picardie* plus prononcé que celui qu'exprime le rapport de 100 à 78, c'est que nous avons dans notre calcul un élément en excès défavorable au *Pyroscaphe* : il faut le signaler. En estimant la durée du trajet de Bordeaux à Moissac (p. 20), nous avons trop libéralement accordé au *Pyroscaphe* deux heures pour les temps d'arrêt aux escales — c'est 40 *minutes de trop* — car dans le trajet de Bordeaux à Agen (131 kilomètres) les *arrêts* ne demandent qu'une heure : c'est de notoriété publique. Or, pour les 84 kilomètres d'allongement de parcours jusqu'à Moissac, la proportion sera 20 minutes de stations ; nous avons donc diminué notre vitesse de 40 minutes, de sorte que, dans la colonne du *Tableau comparatif* de la durée du trajet *à la remonte*, il faut lire 14 heures 20 minutes au lieu de 15 heures à la ligne du *Pyroscaphe*. Cette modification rationnelle nous fait trouver (en divisant 205,000 mètres par 51,600 secondes) une vitesse de 3ᵐ,97ᶜ par seconde, laquelle étant représentée par le nombre 100, nous donnera le rapport entre le *Pyroscaphe* et la *Picardie*, comme 100 est à 75, qui est plus rapproché de l'expression de la vitesse qui sera réalisée — à un degré supérieur à notre approximation.

DONC,

Si sur le *Rhône*, comme nous l'avons vu, les plans de résistance étant (à peu près) comme 1 à 4, les vitesses sont comme 4 est à 3 (*Sirius* et *Papin*), à cause de la grande rapidité du courant (3ᵐ par seconde) ;

Si sur la *Saône*, les plans de résistance étant (à peu près) comme 2 à 3, les vitesses sont comme 4 est à 3 (*Papin* et *Hirondelle*), à cause de la lenteur du courant (1ᵐ par seconde) ;

Nous verrons que sur la *Garonne* (dont le courant n'est que 1ᵐ,13), les plans de résistance étant comme 2 à 4, les vitesses que nous avons trouvées comme 4 est à 3 entre le *Pyroscaphe* n. 1 et la *Picardie*, seront certainement dans un rapport plus avantageux pour le *Pyroscaphe*, — parce que la rapidité du courant de la *Garonne*, en hautes eaux, bien inférieure à celle du *Rhône* (qui est triple), est peu supérieure à celle de la *Saône*, qu'elle ne surpasse que de 13 centièmes.

_____

(1) Les travaux des ponts-et-chaussées dans la Garonne ont affaibli considérablement quelques *vitesses*, où le courant était autrefois de 2ᵐ par seconde. — (*Nous avons puisé ces renseignements à la meilleure source.........*) Lorsque dans notre calcul de la vitesse de translation du *Pyroscaphe* en remontant le courant de la Garonne (p. 20), nous avons supposé que ce courant avait lui-même une vitesse de 8 kilomètres, c'était (nous l'avons dit) comme on le voit par les chiffres authentiques ci-dessus, une *exagération*, car 1ᵐ,15 par seconde, c'est seulement 4,140 mètres par heure ou un peu plus de 4 kilomètres 1.7.

Cheval-vapeur.

On évalue la force d'une machine en chevaux, par analogie avec le travail que peuvent développer ces animaux. Cependant il s'en faut de beaucoup que ces deux espèces de forces soient absolument comparables. En effet ce qui distingue les animaux de la vapeur, c'est que celle-ci peut agir avec une continuité presque indéfinie, tandis que les premiers ont besoin de repos fréquents. Ainsi, bien loin de pouvoir comparer entre eux, sous le rapport de la vitesse ou de la force, le cheval et la vapeur, il serait peut-être plus exact de dire que le domaine de celle-ci commence là où le premier vient à manquer.

Cependant le travail de toute espèce de moteur peut s'estimer en mesures communes : il est toujours permis de le considérer comme s'il était destiné à vaincre l'action de la pesanteur et le mesurer par le temps pendant lequel il élèverait une masse connue à une hauteur déterminée. C'est ainsi que l'on se rend compte de la force du cheval en disant qu'elle équivaut à l'effort nécessaire pour élever un poids de 50 à 60 kilogrammes à un mètre de hauteur en une seconde. La force du cheval de la nature est extrêmement variable : peu d'ingénieurs sont d'accord sur son évaluation. Elle dépend de sa taille, de son âge, de son état de santé, du climat, de la race particulière à laquelle il appartient, des soins qu'on lui donne et enfin de la longueur de sa journée de travail. Quelques auteurs ne l'évaluent pas à plus de 27 kilogrammes élevés à un mètre par seconde, tandis que d'autres la portent à 75 kilogrammes élevés à la même hauteur dans le même temps. La valeur qu'on attribue au *cheval-vapeur* est précisément cette dernière. Dans son expression entrent trois quantités : le poids, l'espace que ce poids parcourt, et le temps que ce poids emploie à parcourir cet espace. Quelle que soit la valeur numérique de chacun de ces éléments, il sera toujours possible de les ramener à un multiple de cette unité de mesure de sa force absolue.

L'unité de mesure appelée *cheval-vapeur* paraît devoir être abandonnée à mesure que les arts mécaniques feront plus de progrès ; déjà beaucoup d'ingénieurs lui ont substitué la *Dynamie*. Et en effet, c'est déjà bien assez des incertitudes qui règnent dans l'évaluation de la force absolue ou de la force réelle d'une machine, sans compliquer encore le problème par l'introduction d'une dénomination arbitraire et qui ne rappelle à l'esprit rien d'exact. Ainsi l'on entend dire que le cheval-vapeur *(steam-horse)* anglais est d'un quart plus fort que le nôtre, qu'une machine anglaise vendue comme étant de la force de 80 chevaux, en comporte réellement cent. Cette incertitude, fort préjudiciable aux acquéreurs et quelquefois aux vendeurs de machines, n'existera plus lorsque tous auront adopté l'usage de mesurer la quantité de travail d'une manière uniforme et de la rapporter à une unité simple telle que la *dynamie*. Cette unité, adoptée depuis quelque temps par les savants et les mécaniciens pour mesurer la puissance d'une machine, est égale à un poids de mille kilogrammes élevés à un mètre de hauteur en une seconde.

« *Tredgold* estime que par suite des pertes qui résultent : 1° du frottement nécessaire qu'éprouve la vapeur en passant aux cylindres ; — 2° de son refroidissement dans le cylindre et les conduits ; — 3° du frottement du piston et des fuites ; — 4° de la force nécessaire pour expulser la vapeur ; — 5° de la force nécessaire pour ouvrir et fermer les soupapes, élever l'eau d'injection et vaincre le frottement des axes ; — 6° de la détente provenant de ce que la vapeur est interceptée avant la fin de la course des pistons ; — 7° de la force nécessaire pour mouvoir la pompe à air ; — 8° enfin, de ce que la vapeur n'est pas complétement condensée, la pression effective de la vapeur à basse pression sur les pistons, ne doit être comptée que pour 0ᵏ,50 par centimètre circulaire, ou 0ᵏ,63 par centimètre carré. » (1)

« Pour déterminer la puissance des machines qui agissent par détente, voici comment on peut s'y prendre. »

« Soit une machine dont le piston a 0ᵐ,4 de diamètre, sa surface sera égale à 0ᵐ,7854 × 0ᵐ,4, ou 0,12566 mètres carrés. Supposons la pression de la vapeur de 5 atmosphères, et que la course du piston soit de 1ᵐ,2, et qu'on intercepte l'entrée de la vapeur au quart de la course, c'est-à-dire à 0ᵐ,3 de la course. A chaque course du piston, il y aura 0,12566 × 0,3 = 0,0377 mètres cubes de vapeur employée, et après 50 courses en une minute, il y en aura 50 × 0,0377 = 1,885 mètres cubes. »

« Or, d'après les tables contenues dans cet ouvrage (2), nous voyons qui l'effet dynamique de 1 mètre cube de vapeur qui se dilate du quadruple, étant augmenté de 24650 kilogrammes, celui de la vapeur primitive dont l'élasticité fait équilibre à 5 atmosphères, doit être égal à 5 × 2465 × 1,885 = 232326 en ne prenant que les 0,4 de cet effet donné par la théorie, on obtient 92030 kilogrammes pour l'effet utile, ce qui équivaut en force de cheval à $\frac{92030}{4500}$ ou 20, chevaux $\frac{44}{100}$. » (3)

Pour calculer la force en chevaux des machines à vapeur à *détente et à condensation*, quelle que soit la manière dont se fait la détente, que la machine ait un, deux ou trois cylindres, on peut voir les formules données dans l'*Aide mémoire de mécanique pratique*, par Arthur Morin. (4).

(1) Au lieu de 0ᵏ,84 et 1ᵏ,033, qui sont les résultats trouvés par *Arago* et *Dulong*, pour mesure absolue de la pression d'une atmosphère — mais non comme mesure de l'*effet utile* d'une machine. (Voyez la Table de la p. 31 4ᵉʳ vol. du *Manuel des Machines à vapeur*, par M. Janvier.

(2) *Manuel des Machines à vapeur*, par M. Janvier, t. II p. 34 et 24.

(3) La force du *cheval-vapeur* étant supposée égale à celle qui élèverait 75 kilos à 1ᵐ de hauteur en une seconde, cela fait par minute à la même hauteur 4500 kilogrammes. (*Manuel* cité, p. 85 et 86.)

(4) Paris, 1843, in-8° 3ᵉ édition ; art. 213 à 220.

PROFONDEUR DES PASSAGES DE LA GARONNE.

Noms DES PASSAGES OU MAIGRES.	PROFONDEUR D'EAU à l'étiage.		OBSERVATIONS.
	avant 1841	en 1842	
Passage de Lafox (près d'Agen)............	0m 30c	1m 27c	Les éléments du présent tableau sont tirés des *Comptes-rendus* par l'admins-
— de Couleyrac.................	» »	1 00	tration générale des ponts-et-chaussées, sur la situation des travaux au 31 décem-
— des Isles Saint-Hilaire.........	» »	1 50	bre 1839 et 1841 (Paris. *imprimerie royale*, in-4°; juin 1840, avril 1842). Les travaux
— des Coudes de Menau.........	0 40	1 20	d'amélioration, dont les résultats sont indiqués ci-contre, se perfectionnent sur
— de Tonneins.................	» »	1 80	toute la ligne d'Agen à Bordeaux.
— de Reculay.................	» »	1 00	De grands travaux d'endiguement et de dragage se font, simultanément, avec ac-
— de Cordès..................	» »	1 50	tivité dans le lit de la Garonne entre Agen et le confluent du Tarn. Ils produiront,
— des Isles Balias (près Marmande).......	0 60	1 20	pour la navigation, le même avantage déjà obtenu en *aval* d'Agen, d'augmenter la
— de Coussan.................	» »	2 30	profondeur de l'eau sur le seuil des pas-
— de Souilhagon..............	» »	1 40	sages et dans les *maigres*.
— du Col-de-Fer (au-dessous de Caudrot)	0 70	1 30	Les détails précis des résultats déjà obtenus par ces travaux n'ont pas encore
— de Bourdeilles..............	0 41	1 20	été publiés par l'administration.
— de Castets.................	0 70	1 30	
— de Guiraude................	0 50	1 45	
— de Loupiac.................	0 50	1 30	Les chiffres du présent tableau (3e co-
— de Rions (Gravier des Merles)........	» »	1 35	lonne) prouvent notre assertion (ci-dessus, page 40) sur la navigabilité actuelle de
— de Langoiran...............	0 38	1 07	la Garonne.

Dangers de l'instabilité.

M. *Tremtsuk* dépeint très-bien le danger des bateaux étroits :

« Les proportions des bateaux à vapeur de nos jours, dit-il, ont varié avec les besoins de vitesse dans les transports publics. Leur largeur au *maitre-bau* a considérablement diminué. La proportion entre la longueur et la largeur, qui était, il y a vingt ans, comme 5 est à 1, est aujourd'hui en moyenne comme 11 est à 1. Ces bateaux sont sujets à donner *la bande*, par l'effet du vent ou de l'inégalité de répartition dans la charge. Or, l'eau contenue dans les chaudières placées le long des flancs intérieurs du navire, éprouve le même effet que le bateau lui-même. Ceci posé, que l'arrivée à un lieu d'escale force à interrompre la marche des machines, tout mouvement d'alimentation est suspendu. Le poids des voyageurs embarquant ou débarquant, joint à celui des hommes de l'équipage occupés à la manœuvre, à celui des passagers du bord attirés par la curio-sité, au poids de l'eau des chaudières appelée sur le même bord, tout contribue à laisser à découvert une surface plus ou moins grande des foyers, et à l'exposer à *rougir*. L'escale faite, la machine reprenant sa marche, le jeu de la pompe alimentaire peut déterminer l'explosion, les passagers et l'équipage reprenant leur position antérieure, l'eau restée dans les chaudières, obéissant au redressement du bateau, couvre la surface du métal rougi par le feu, et détermine le même accident (1). »

C'est sûrement cette cause qui produisit, le 2 novembre 1829, sur la Garonne, l'explosion de la chaudière du bateau à vapeur l'*Union*, qui éclata près de la ville de Caudrot. La vapeur et l'eau bouillante donnèrent la mort à trois chauffeurs et blessèrent plus ou moins grièvement une vingtaine de personnes. Le procès-verbal du comptable (M. Duroux-Guilhem) dit : « que cette explosion a eu lieu dans le fourneau, et qu'elle « a occasionné la rupture de la paroi intérieure de la chaudière à l'ajustage transversal exposé à l'action de « la flamme, et qui s'est ouvert de l'arrière à l'avant dans une étendue de 66 centim. environ (2). » On trouva en bon état les trois rondelles fusibles, les tampons et les soupapes de la chaudière qui avait fait explosion.

Les *Pyroscaphes* seront à l'abri de tels accidents occasionnés par l'*instabilité* qui est le partage des bateaux étroits : ils se bercent au moindre déplacement des voyageurs sur le pont. La grande largeur des *Pyroscaphes* (5m 55c au *maître-couple*) les garantira totalement du *roulis*, qui ne sera pas non plus sollicité par une che-minée : sorte de levier vertical sur lequel agit le vent transversal au bateau......

(1) M. Tremtsuk. — *Instruction pour les conducteurs de machines.* — Bordeaux, 1842.
(2) L'*Indicateur* (de Bordeaux) du 4 et du 5 novembre 1829.

Pompe alimentaire auxiliaire.

Dans beaucoup d'établissements *et de bateaux à vapeur*, la pompe alimentaire *unique* de la chaudière est mue par la machine motrice elle-même. Aussi, il arrive que quand la machine est arrêtée, pour cause de repos instantané, la chaudière cesse de recevoir de l'eau pour remplacer celle qui produit la vapeur en se raréfiant (et qu'on laisse échapper). Si le temps d'arrêt se prolonge, la chaudière reste à sec et rougit. Alors, l'injection de l'eau se rétablissant par l'action de la machine et de la pompe alimentaire, l'explosion ou tout au moins une déchirure a lieu, par suite de la moindre résistance qu'oppose à la vapeur le métal surchauffé.

C'est en vain que l'on compterait, en ce cas extraordinaire, sur l'issue livrée par les soupapes de sûreté : l'expérience a prouvé qu'elles ne suffisaient pas au dégagement de la masse considérable de vapeur développée par le contact de l'eau sur le métal rougi.

« Le 23 juin 1839, le bateau *le Parisien* venait d'arriver à Melun, où il s'arrêta pour déposer et embarquer des voyageurs. Au moment où il allait reprendre le large, deux tubes des bouilleurs du même côté de la rangée horizontale supérieure se déchirèrent près du joint qui les réunissait aux tuyaux recourbés qui les mettaient en communication avec la chaudière : la vapeur et l'eau se répandirent dans la cale où étaient trois chauffeurs et le mécanicien. L'un mourut sur-le-champ, et les trois autres n'ont survécu que peu de temps. Le comptable du bateau et M. *Adolphe Cochot*, fils du propriétaire du bateau, qui étaient sur le pont, et penchés sur le *capot*, furent aussi blessés, le premier très-grièvement, ainsi qu'un homme de l'équipage qui voulut descendre pour porter secours à ceux qui étaient dans la cale. Du reste, aucun des voyageurs qui étaient dans les salles ne fut atteint, grâce à *la forte cloison doublée en tôle qui sépare les salles des passagers des appareils moteurs* ».

« Après l'accident, le bateau fut immédiatement visité par la commission de surveillance des bateaux à vapeur de Melun, et, trois jours après, par la commission de surveillance du département de la Seine. »

....

« Les deux commissions s'accordent à regarder l'accident comme étant le résultat de l'*abaissement du niveau de l'eau dans la chaudière*, et du développement rapide de vapeur que produisit la projection de l'eau sur les parois suréchauffées antérieurement par l'action de la flamme, tandis qu'elles n'étaient pas intérieurement baignées d'eau. »

« *Pendant le stationnement du bateau à Melun, la chaudière ne fut point alimentée*; les passagers se portèrent presque tous du côté du bateau voisin de la terre, et le firent incliner de ce côté. Par cette double circonstance, le niveau baissa du côté opposé, et les deux bouilleurs de la rangée horizontale supérieure, placés de ce côté, se vidèrent d'eau. »

« Au moment de prendre le large, l'eau arriva sur ces parois suréchauffées, soit par l'effet naturel du redressement du bateau, soit parce que l'un des chauffeurs, ayant reconnu l'abaissement du niveau, injecta de l'eau dans la chaudière. »

« En tout cas, l'eau, arrivant sur ces parois suréchauffées, et d'une grande étendue, puisqu'elle se composait du dôme du grand tuyau elliptique et d'une portion de la surface de deux tubes bouilleurs, donna lieu à une formation de vapeur très-rapide qui, ne trouvant pas une issue suffisante par les soupapes de sûreté, détermina l'accroissement de tension intérieure, qui a produit la dépression de la paroi du tuyau, et ensuite la rupture des tubes. »

« Il est impossible de ne pas admettre cette explication, quand on voit que les deux tubes bouilleurs déchirés conservaient, après l'accident, la trace de la température élevée à laquelle ils avaient été exposés. »

« *Les faits que nous venons de rapporter nous paraissent donc offrir un nouvel exemple*, qu'on peut ajouter à ceux qui sont cités dans la notice de M. *Arago*, sur les explosions, *du danger de laisser des parois métalliques non baignées d'eau, exposées à l'action directe de la flamme ou des gaz chauds.* » (1)

Il y aura dans le *Pyroscaphe* une petite machine indépendante de la grande machine motrice. Cette petite machine, fonctionnant pendant les temps d'arrêt (pour prendre ou débarquer des voyageurs en route), continuera le jeu des pompes alimentaires pendant qu'elles ne recevront plus l'impulsion de la grande machine. Ce mécanisme auxiliaire sera un puissant moyen de sûreté; on lui a donné le nom de *petit-cheval*.

Sûreté — et police du bord.

Tous les moyens de sûreté connus jusqu'à présent, tels que *flotteur*, *soupapes*, *tube-indicateur*, *mano-mètre*, *robinets-jauges*, etc., — seront employés dans les *Pyroscaphes* avec des mécanismes perfectionnés et nouveaux, parce qu'il appartient à la prévoyance de l'Ingénieur d'éviter le danger d'une explosion en com-binant toutes les précautions qui peuvent en garantir : nous aurons donc le droit de qualifier les *Pyros-caphes*, d'INEXPLOSIBLES.

« Partout où des bateaux à vapeur ont été établis, de nombreuses concurrences ont eu lieu. L'envie de vain-cre en vitesse les bateaux des compagnies rivales *(sans avoir des machines beaucoup plus fortes)* a fait com-mettre de graves imprudences aux ouvriers chargés de la conduite des machines. Ignorant réellement la grandeur du danger auquel ils exposaient la vie des passagers et la leur, animés d'ailleurs par une sotte vanité qu'excitait encore l'intérêt et la passion de quelques hommes, ces malheureux condamnaient leurs soupapes, employaient tous les moyens en leur pouvoir pour empêcher ou retarder la fusion des plaques métalliques, en même temps qu'ils poussaient le feu avec une ardeur sans égale, pour obtenir une vitesse supérieure à celle des autres bateaux. De là des accidents nombreux qui ont coûté la vie à beaucoup de personnes [1]. »

Des imprudences si graves, si condamnables, ne sont pas à craindre dans la conduite des *Pyroscaphes*. Comme ils posséderont une puissance supérieure, et qui excédera les nécessités de la locomotion, ils n'auront besoin de lutter de vitesse contre d'autres bateaux par aucune témérité dans la conduite des machines.

La police générale du *Pyroscaphe*, soit pour la direction et la vitesse, soit pour la surveillance de la machine et le bon emploi de la force motrice, sera dévolue à un *capitaine*, — homme spécial. — Le *comptable* ne s'oc-cupera que de la recette. En séparant ainsi ces deux fonctions (la manœuvre et la comptabilité), aucune partie du service ne pourra être négligée, ni à l'égard des voyageurs ni au préjudice de la Société.

Péage de navigation.

Les bureaux de perception du droit de navigation sont à Bordeaux, Langon, Marmande, Nicole, Agen et Port-Boudou, à l'embouchure du Tarn dans la Garonne.

Loi du 9 juillet 1836 : — ARTICLE 5 : « Tout bateau sur lequel il y aura des voyageurs paiera le droit « imposé à la première classe (de marchandises) du tarif, quelle que soit la nature du chargement. »

Même Loi : art. 17 : « ...... Lors du jaugeage (du bateau à vapeur), la machine, le combustible pour « un voyage et les agrès seront compris dans le tirant-d'eau à vide. »

La perception a lieu à la remonte comme à la descente, par myriamètre pour chaque tonne de marchan-dise de première classe, à raison de 0 fr. 035 millimes — selon le tarif fixé par l'ordonnance royale du 27 octobre 1837, portant modification à celui annexé à la loi du 9 juillet 1836. — A l'effet de régler cette per-ception sur les charges variables, une échelle en cuivre, graduée en centimètres, est incrustée de chaque côté du bateau ; « le zéro de l'échelle répondra au tirant-d'eau à vide, et une marque apposée dans la par-« tie supérieure indiquera la ligne de flottaison à charge limite déterminée par l'art. 10 de la « loi du 9 juillet 1836. » (Ordonnance du 15 octobre 1836. — Art. 4.)

Justifions actuellement le chiffre du péage que nous avons posé dans notre décompte de *dépenses* (p. 21). — Nous savons que chaque tranche horizontale de 27 millimètres du *déplacement* au tirant-d'eau du Py-roscaphe, au-dessus de sa ligne de flottaison *lège*, équivaut à une charge de 6,363 kilogrammes. Suppo-sons que le Pyroscaphe *ascendant* soit chargé en voyageurs ou marchandises de manière à caler 66 centi-mètres, ce sera 16 au-dessus de son tirant-d'eau à vide (50 centimètres), 16 centimètres (ou bien 160 millimètres) qui également environ six fois 27 millimètres : ce qui indique une charge de six fois 6,363 kilos, soit : 38,178 kilos, ou 38 tonneaux. Attribuons au Pyroscaphe *descendant* seulement une charge totale de 28 tonneaux, nous transporterons, *par jour* (voyageurs ou marchandises), 66 tonneaux.

Le *péage* de navigation étant de 35 millimes par tonneau et par myriamètre, ce sera pour 66 tonneaux 2 fr. 31 c. par myriamètre, et pour le trajet total de Bordeaux à Moissac (qui est de 205 kilomètres — soit 20 myriamètres et demi), ce sera, disons-nous, un péage de 47 fr. 35 par jour (C. Q. F. D.)

N. B. *Nous avons porté cette dépense au* MAXIMUM, *mais l'art. 6 de la loi précitée autorise des abon-nements distincts pour les voyages d'aller et de retour ; ou sur la base d'une charge moyenne.*

Au sujet de la *calaison* de 66 centimètres dont nous venons de parler, et pour reconnaître qu'elle ne sera pas un obstacle à la navigation continuelle des Pyroscaphes, il faut voir les dernières colonnes de notre *Tableau des travaux exécutés dans la Garonne* (p. 64 de notre *Notice* de 1813), où se trouve l'indication de la profondeur d'eau, à l'étiage, dans toutes les *passes*, *entre Bordeaux et Moissac* : — ces chiffres de profondeur forment notre tableau de la page 45 ci-dessus.

---

1. M. INCHBALD. — *Des machines à vapeur*, pag. 408, Bordeaux 1836.

NOTE SUR LES INGÉNIEURS DES PYROSCAPHES.

Les Ingénieurs **MM. Despin** et *Dietz*, qui ont formé alliance et combinaison de leurs idées, pour la construction des Pyroscaphes, sont, à la fois, théoriciens habiles et praticiens expérimentés.
On verra ci-après l'indication sommaire de leurs principaux travaux.

M. **Despin**, qui construira la coque des Pyroscaphes, a commencé à Bordeaux ses études d'ingénieur-constructeur-naval ; il les a achevées à Rochefort où il fut breveté du gouvernement. Après avoir été occupé, durant plusieurs années, au tracé des plans des vaisseaux de l'État, auprès de l'inspection générale du Génie maritime, il quitta cette position pour entrer dans l'activité industrielle.

En 1821, M. **Despin** a construit, à Paris, pour le compte des administrateurs des Messageries royales , *une diligence d'eau*, qui a servi de modèle pour en faire trois autres, dont l'emploi, sur la Saône, a produit de grands bénéfices par l'économie sur les frais de traction.

De 1822 à 1825, il a construit — sur ses propres plans — pour la compagnie Frossard et Margéridon :

Trois bateaux à vapeur de 50 chevaux :	La Ville-du-Havre,
	Le Colbert,
	Le Duc d'Angoulême.
Un remorqueur à vapeur de 110 chevaux :	Le Vésuve.
Quatre remorqueurs de 40 chevaux :	L'Atalante,
	L'Aigle,
	L'Éclair,
	La Foudre.

Neuf chalands de 300 tonneaux, pour transporter les marchandises.

(NOTA. Tous ces travaux furent faits pendant que *M. Despin* était attaché au ministère.)

De 1825 à 1828, *M. Despin* a géré par procuration l'établissement de construction de machines à vapeur, sous la raison sociale *Aitkin , Steel* et Comp., à Paris.

De 1828 à 1830, *M. Despin* a fait construire sur ses plans et sous sa direction, pour compte de MM. Maillet, Duboulay et Comp., à Rouen, l'*Héva*, remorqueur de 120 chevaux, et quatre chalands du port, chacun, de 400 tonneaux. — A la même époque, il a fait construire à Rouen, pour M. Le Cocq, un grand chaland de 400 tonneaux.

De 1830 à 1841, *M. Despin* a construit, pour compte de MM. Pauwels et Leroy, le *Louis-Philippe*, paquebot de 50 chevaux. — *M. Despin* a fait construire, sur ses plans et sous sa direction, dans les ateliers de M. Cavé (à Paris) :

L'*Industriel*, paquebot de 25 chevaux *(pour le lac de Neuchâtel).*
Le *Belle-Vue*, bateau de 20 chevaux *(pour le lac de Thoun).*
Le *Théodore*, bateau de 25 chevaux *(aujourd'hui Dorade n° 1).*

M. Despin a fait construire, dans les ateliers de M. Pauwels, dont il était directeur :
Quatre chalands en fer, de 200 tonneaux, pour la navigation des canaux.
Six bateaux à vapeur : Le *Pilote* et l'*Industrie*, de 40 chevaux (1) ;
La *Marne* et le *Montereau*, de 20 chevaux ;
Le *Corsaire-Rouge*, de 80 chevaux (sur le Rhin) ;
Un petit bateau de 8 chevaux, pour le lac de Genève.

M. *Despin* a construit, dans son chantier, au port St-Ouen (près Paris), la *Ville-de-Corbeil*, bateau à vapeur de 25 chevaux, pour Mme veuve de Farcy ; — *trois bateaux-rapides*, dits bateaux-postes, pour transporter les voyageurs sur le canal de l'Ourcq, au compte de la compagnie Hainguerlot ; — le *Vauban*, remorqueur de 50 chevaux, pour compte de M. Javal, de Paris.

M. *Despin* achève de construire en ce moment (mai 1844), dans les ateliers de M. Raymond , mécanicien à Paris, plusieurs remorqueurs à vapeur de 80 chevaux, destinés à la navigation commerciale de la Seine.

Tous les bateaux qui viennent d'être énumérés sont construits en fer.

Note sur quelques travaux mécaniques de M. Charles Dietz; indication des brevets qu'il a pris et des médailles qui lui ont été décernées depuis 1827.

MÉDAILLES.

En 1827 (*Exposition des produits de l'industrie*), une médaille d'argent, pour une machine à vapeur (*nouveau système de condensation*) et pour des pompes d'épuisement à double effet (*seul prix décerné pour machine à vapeur*).

(1) Ces deux bateaux font continuellement le transport de la marchandise entre Rouen et Paris.

En 1834 (*Exposition*), autre médaille d'argent pour diverses machines.

Même Année, une médaille d'or, décernée par l'*Académie de l'industrie*, pour le Remorqueur à vapeur sur les routes ordinaires.

En 1839 (*Exposition*), une médaille d'argent pour une nouvelle machine à vapeur, à haute pression et à détente.

En 1840 (*6 décembre — Athénée des arts*), une médaille et une couronne (*premier prix*) pour le Remorqueur roulant à vapeur.

En 1841 (*le 11 août — Société d'encouragement*), la grande médaille de platine, pour divers travaux mécaniques, principalement la voiture à vapeur et sa chaudière tubulaire perfectionnée.

En 1841, une médaille de l'Académie des sciences de Bordeaux, à l'occasion des succès du *Remorqueur* parcourant en deux heures la route (de 33 kilomètres) de Bordeaux à Libourne — avec une charge de cent personnes dans des voitures de suite.

BREVETS.

En 1835, un brevet d'invention (et ultérieurement trois brevets de perfectionnements) pour le Remorqueur à vapeur : notamment le brevet de 1841, pour le moyen de fixer les tubes dans la chaudière des locomotives afin d'éviter les *fuites*...., procédé qui amènera de grands résultats économiques sur les chemins de fer....

CONSTRUCTIONS.

En 1837, deux *bateaux en fer*, de 35 mètres de longueur : la *Ville-de-Compiègne* et l'*Oise*. Le premier est muni de deux machines à haute pression, de la force de 30 chevaux, à cylindres inclinés; le second est animé par deux machines de la force de 40 chevaux, à cylindres oscillants. Ces deux bateaux ont un mécanisme particulier pour faire marcher les roues en arrière, subitement, par l'action d'un simple levier — *sans arrêter l'introduction de la vapeur dans les cylindres.*

En 1839, un *bateau en fer*, de 48 mètres de longueur sur 4 de largeur, armé de deux machines à haute pression, à cylindres verticaux oscillants, de la force collective de 60 chevaux ; ce bateau (la *Picardie*), construit à Paris, *navigue actuellement* (depuis 1840) *sur la Garonne* : ses machines ont été gravées et publiées dans le bulletin de la Société d'encouragement, en septembre 1840 (1).

En 1841, une machine à vapeur, à haute pression, de 53 chevaux, à cylindres inclinés, pour un Remorqueur. *Ce bateau*, d'environ 40 mètres de longueur sur 5 mètres 80 centimètres de largeur, *n'a que 53 centimètres de tirant-d'eau.* Il a été employé à remorquer, sur la Seine, du Pecq à la Gare de Saint-Ouen, deux chalands chargés, *chacun* de 250 tonneaux de pierres destinées aux fortifications de Paris.

Diverses machines a vapeur pour manufactures — pour bateau-dragueur — selon divers systèmes, à basse et à haute pression ; — des pompes à cylindre unique et à double effet, contre l'incendie et pour épuisement ; — moulins hydrauliques pour le blé ; — mécanismes d'huilerie, etc.

Le Remorqueur a vapeur, actuellement à Bordeaux. La chaudière du Remorqueur a été perfectionnée et mise à l'abri des *fuites* d'eau et de vapeur, selon les procédés pour lesquels M. *Dietz* a pris son dernier brevet du 27 octobre 1841. (*La Société d'encouragement, dans son bulletin de janvier 1841, a donné quatre grandes planches gravées et la description du Remorqueur-Dietz*). Dans ses belles expériences de 1841, cette *Dietzine* a parcouru plusieurs fois la route montueuse de Bordeaux à Libourne (33 *kilomètres*), en deux heures, traînant une centaine de personnes dans les voitures remorquées (voyez le *Mémorial Bordelais*, du 12 août 1843, et le *Courrier de la Gironde*, du 25 octobre de la même année).

Le 21 octobre 1839, un rapport très-favorable sur le Remorqueur-Dietz, avait été présenté à l'Académie des sciences par les commissaires (*MM. Arago, Poncelet, Savary, Gambey et Séguier*) qu'elle avait chargés de faire avec cette machine des expériences de locomotion sur les routes ordinaires.

M. *Dietz* a tracé et calculé le projet de construction des moteurs des *Pyroscaphes de la Garonne*, qui seront armés de deux machines à moyenne pression, à détente variable et à condensation, de la force collective de 120 à 150 chevaux. Ces machines, avec générateur, fourneau, et tous accessoires — prêtes à fonctionner, — ne pèseront pas plus de 33,000 kilogrammes ; et cet allégement considérable du poids total des mécanismes ne nuira ni à leur solidité ni à leur durée.

---

(1) « La machine du bateau *la Picardie*, sortie des ateliers de M. *Dietz*, est d'un fini remarquable. Les tiroirs de distribution de vapeur sont à surface glissante que le travail rend plus fidèle. »

« Une petite machine d'un cheval, indépendante de celles qui font mouvoir le bateau, fonctionne dans les temps d'arrêt, et met en action la pompe alimentaire, dont la disposition est excellente pour en prévenir l'engorgement. Les clapets de cette pompe sont sphériques et déplacent en poids autant d'eau que leur volume. »

« La liaison entre les machines et le corps du bateau est parfaite. »

« Chacun a apprécié le goût et le talent qui ont présidé aux emménagements et aux formes du bateau. »

(M. Trémisse. *Manuel des Conducteurs de Machines à vapeur*, suivi, etc.

Bordeaux, 1842. — In-8°, p. 88.)

Ce bateau destiné pour l'Oise, et construit conséquemment d'un gabarit convenable à cette rivière étroite, n'y ayant pas trouvé assez de passagers, est venu dans la Garonne à la fin de 1839.)

SOCIÉTÉS INDUSTRIELLES.

« Il est des entreprises pour lesquelles les efforts individuels ne peuvent rien, et que l'on ne saurait tenter sans la réunion de plusieurs intelligences et surtout de nombreux capitaux. La puissance de l'association, en fait d'industrie et de grandes créations, est prouvée par l'expérience. »

« Le Code de commerce reconnaît trois espèces de sociétés commerciales que nous appellerons *permanentes*, pour exclure d'un mot ces associations temporaires, momentanées, dites *en participation*, desquelles nous n'avons pas à nous occuper (Art. 19 et 47 du Code de commerce), savoir :

« *La Société en nom collectif*, qui se contracte entre deux ou plusieurs personnes, et qui a pour objet de faire le commerce sous une *raison* sociale dans laquelle ne peuvent entrer que des noms d'associés. La solidarité de tous les engagemens contractés sous cette *raison*, pèse sur chacun de ses associés.(Art.20, 21 et 22).»

« *La Société en commandite*. Celle-ci se contracte entre un ou plusieurs associés responsables ou solidaires, et un ou plusieurs associés simples bailleurs de fonds, que l'on nomme *commanditaires* ou *associés en commandite*. Cette société est régie, comme la précédente, sous un nom social qui doit être nécessairement celui d'un ou de plusieurs des associés responsables, sans que l'on puisse emprunter le nom d'un associé commanditaire. Un pareil emprunt ferait supposer une garantie illimitée de la part de celui-ci, on tromperait le public ; car, dans la réalité, le commanditaire n'est passible des pertes que jusqu'à concurrence des fonds qu'il a mis ou dû mettre dans la société : tels sont les caractères de la vraie commandite. (Art. 23, 24, 25 et 26). »

« Enfin, *la Société anonyme*, qui, ainsi que l'indique son appellation, n'existe point sous le nom d'un associé, mais qui doit être qualifiée par l'objet de l'entreprise (art. 29 et 30). Elle est administrée par des Mandataires à temps et révocables ; ces mandataires peuvent être pris parmi les intéressés (art. 31) à la différence du commanditaire, qui, dans la société en commandite, ne peut faire aucun acte de gestion ni recevoir de mandat pour les affaires de la société, sous peine d'être solidairement responsable (art. 27 et 28). Les administrateurs de la société anonyme ne sont responsables que de l'exécution de leur mandat ; ils ne contractent aucune obligation personnelle pour les engagements de la société (art. 32) ; les associés ne seront passibles que de la perte du montant de leur intérêt dans la société (art. 33). Sous ce rapport, il y a analogie entre les actionnaires des sociétés anonymes et les commanditaires dans les sociétés en commandite. Le propre de la société anonyme est de diviser son capital en actions (art. 34). Elle ne peut exister qu'avec l'autorisation du Roi (art. 37). »

. . . .

« En portant à plus d'un milliard l'évaluation du capital des sociétés fondées pendant les douze dernières années, soit sous la forme anonyme, soit sous la forme de commandite par actions nominatives ou au porteur, on n'exagère pas l'importance des capitaux consacrés, dans ces derniers temps, aux entreprises faites par des compagnies. Il n'est pas inutile de remarquer que les années 1836 et 1837 ont été les plus fécondes. »

Voici quelques nombres rapprochés qui ne sont pas sans intérêt :

Année		sociétés		actions		fr. capital social.
1833	—	55	—	28,125	—	15,010,000
1834	—	84	—	58,549	—	79,848,000
1835	—	106	—	47,522	—	45,508,000
1836	—	216	—	373,278	—	156,845,000
1837	—	288	—	586,579	—	361,139,000

« Si l'on ajoute à ces accumulations toujours croissantes de capitaux, qui n'ont trait qu'aux sociétés enregistrées au tribunal de commerce de Paris, ceux des sociétés fondées hors de Paris, à différentes époques, ou à Paris avant 1816, on juge sans peine que la majeure partie de la richesse du pays en numéraire se trouve engagée dans les entreprises par actions. »

Nous avons pris tout ce qu'on vient de lire dans l'*Exposé des motifs du projet de loi sur les sociétés par actions*, lu à la Chambre des Députés, par *M. Barthe*, ministre de la justice, dans la séance du 15 février 1838 : c'était le meilleur préambule à donner au *Parallèle de la société anonyme et de la société en commandite, par actions*, dont nous puiserons la doctrine aux sources les plus accréditées de notre jurisprudence.

Parallèle des Sociétés par actions.

(Ou pourquoi l'entreprise des Pyroscaphes est une Commandite.)

> « La société en commandite par actions, objet de tant de vaines déclamations, est une institution utile et féconde qu'il faut bien se garder de détruire. »
> « Fausse industrie, fausse banque, fausses mises sociales, fausses annonces, fausses négociations, fausses cotes : tout cela ne pouvait avoir qu'un temps. »
>
> *(Moniteur industriel,* du 3 juin 1841 *).*

L'expérience prouve qu'à mesure que de plus vastes débouchés se sont ouverts au commerce, le système des sociétés commerciales a toujours été en s'agrandissant. Le besoin d'agir sur une plus grande échelle a stimulé l'esprit d'association, les capitaux épars sont venus se fortifier en s'unissant, et de nouvelles et ingénieuses combinaisons ont présidé à la formation de ces compagnies qui ont donné et donnent encore à notre industrie manufacturière et agricole une si vive impulsion.

Parmi ces heureuses combinaisons, il faut placer la création d'actions au porteur dans les *sociétés en commandite*, création qui offre le moyen d'intéresser davantage les capitaux civils à l'activité des spéculations, d'augmenter la masse des valeurs en circulation, et de faire sortir de leur inaction des fonds qui dorment oisifs entre les mains de leurs propriétaires.

La puissance législative ne crée pas les faits, elle ne saurait les devancer sans péril ; appelée uniquement à protéger un mouvement naturel, elle en régularise l'action, une fois que, grâce au silence de la loi, ils se sont manifestés sur une large échelle.

Les faits nécessaires se reproduisent seuls avec une certaine persistance, car pour résister aux abus inséparables d'un régime de liberté absolue et sans contrôle, il faut que le principe d'une institution soit bien énergique. Du moment où les sociétés par actions n'ont pas succombé sous les nombreuses déceptions et les friponneries insignes auxquelles elles ont servi de manteau, nous devons reconnaître qu'elles possèdent une grande puissance de vitalité. Elles ont appelé les capitaux civils dans le commerce et l'industrie, et pour faire apprécier la portée de l'immense service rendu par les sociétés en commandite ainsi transformées, il nous suffira de dire que des calculs exempts d'exagération portent à plus d'un milliard les valeurs engagées dans ce genre d'entreprises.

Quelques années ont suffi pour obtenir ce résultat vraiment colossal, parce que les sociétés par actions, qui sont basées sur le principe de la commandite, réunissent tous les avantages qui appartiennent aux diverses associations réglées par le Code de commerce.

Comme *la société collective*, elles présentent une *raison sociale*, des associés indéfiniment responsables ; elles sont comme la *société anonyme*, un moyen efficace de favoriser les grandes entreprises, d'appeler en France les fonds étrangers, d'associer la médiocrité même et presque la pauvreté, aux avantages des grandes spéculations, d'ajouter au crédit public et à la masse des valeurs qui circulent dans le commerce. Les actions offrent à toutes les classes de citoyens des intérêts proportionnés à toutes les fortunes ; par leur moyen, chacun peut s'intéresser aux bénéfices du commerce et s'identifier pour ainsi dire à sa prospérité. Ces sociétés enfin jouissent de cette liberté d'allures et de combinaisons, dont le commerce est particulièrement jaloux.

La *Commandite* se formait d'ordinaire entre un petit nombre d'associés, qui se connaissaient réciproquement ; ils se trouvaient obligés de rester en communauté, tant que la Société n'avait pas pris fin, ou que les co-associés n'avaient pas consenti à l'introduction d'un étranger.

L'art. 38 du Code de commerce a notablement modifié cet état des choses. En autorisant la division du capital social en actions cessibles à volonté, a créé des commanditaires qui peuvent se retirer de la Société quand ils le veulent, et se substituer une tierce-personne sans le consentement de leurs co-associés. Dès ce moment le cercle de la Société en *commandite* s'élargit, pour ainsi dire, à l'infini. Chacun peut y prendre part, souvent pour un intérêt bien faible, et la facilité de réalisation donne un attrait de plus à ce mode de placement. Les capitaux civils se trouvèrent ainsi entraînés d'une manière prompte et facile dans le mouvement industriel et commercial, et l'adjonction des bailleurs de fonds aux associés solidaires, perdant tout vestige de lien de personnes, revêtit le caractère d'une simple *association de capitaux*, analogue à celle qui se pratique dans les Sociétés anonymes. De cette manière, la Société en *commandite* est devenue en réalité une Société *anonyme*, administrée par un ou plusieurs *gérants solidaires*; munie par conséquent d'une *raison sociale*, et où la responsabilité indéfinie des personnes placées à la tête de l'entreprise, remplace l'autorisation du Gouvernement.

La nature intime de la société en *commandite* explique aisément la faveur dont cette forme d'association a toujours joui. Ce contrat mixte, s'il admet une simple agrégation de capitaux, s'il constitue une sorte d'*emprunt à la grosse*, qui borne les risques des commanditaires à la mise fournie, ce contrat, disons-nous, consacre aussi une responsabilité morale et matérielle, concentrée sur la personne des associés en nom collectif, seuls maîtres apparents, seuls représentants de la société vis-à-vis des tiers. La confiance que provoquent les *gérants* s'accroît en raison des ressources dont ils disposent; mais elle se fonde d'abord sur leur position personnelle. Les capitaux civils sont conviés à participer aux chances du commerce, mais à condition qu'il y ait quelqu'un qui consente à lier son honneur, sa fortune, son avenir au succès de l'entreprise.

La société *anonyme* implique une dérogation complète aux principes généraux qui régissent les intérêts privés; ici l'abstraction atteint ses dernières limites; toute individualité s'efface; le *fonds social* s'engage seul, et quand il est épuisé, tout s'évanouit sans retour. L'AFFAIRE DE TOUT LE MONDE, N'EST L'AFFAIRE DE PERSONNE.

Aussi, cette espèce d'association doit elle conserver un caractère exceptionnel; elle ne saurait aspirer à la *popularité* dont jouit l'association *commanditaire*. La sphère d'activité de chacune d'elles est distincte : par la force même des choses, l'une recrute ses adhérents dans les régions élevées de la banque et de la finance, et s'applique aux grandes entreprises qui mettent en jeu l'intérêt public; l'autre sert d'instrument à l'intérêt privé.

Une société *anonyme* diffère d'une société *en commandite* en ce que dans la première, *tout le personnel* est caché aux yeux du public, tandis que dans la seconde, une portion seulement de ce personnel est destiné à échapper aux regards. Dans la société *anonyme* on ne connaît que l'objet de l'entreprise, mais jamais ceux sur la tête desquels elle repose. Au contraire, dans la société *en commandite* on connaît à la fois l'objet de l'entreprise et ceux qui la font marcher et qui l'exploitent. Les sociétaires personnellement responsables sont là pour s'offrir aux regards du public, captiver sa confiance, et traiter avec lui. On ne laisse dans l'ombre que les *actionnaires inactifs*.

Il suit de là que *la société en commandite offre beaucoup plus de garanties que la société anonyme*, voilà pourquoi il a fallu faire intervenir l'autorité publique pour suppléer par ses recherches et sa surveillance à l'impossibilité où se trouvent les tiers de savoir à qui ils ont affaire dans une société *anonyme*. Ici la garantie des tiers ne repose sur la garantie d'aucun associé; la sécurité publique n'a d'autre appui que dans un ensemble de forces, difficile à constater dans ses éléments, et par conséquent de nature à appeler les vérifications préalables de l'Autorité. Mais dans les sociétés *en commandite*, le Gouvernement ne pourrait intervenir sans gêner inutilement des opérations qui doivent marcher avec liberté; les tiers ont devant eux des associés tenus indéfiniment des dettes sociales; ils peuvent suivre leur foi, et se laisser déterminer par la confiance dans leur crédit, dans leur habileté, dans leur solvabilité : la loi n'exige donc pas que les sociétés en commandite soient approuvées par ordonnance.

Ce contrôle préventif de l'ordonnance approbative nécessite des lenteurs préjudiciables; il peut inspirer au *public actionnaire*, une fausse sécurité sur les prétendues chances de réussite que présente l'affaire, et surtout ouvrir une large porte aux abus, en donnant au Gouvernement un moyen si puissant d'influence et de séduction.

La bonne opinion qu'on a vulgairement de la société *anonyme* repose sur des idées fausses. On croit que près de chaque société se trouve un commissaire du roi chargé d'en surveiller la marche; ensuite on pense que l'administration s'occupe du même soin, et étudie soigneusement les rapports annuels que l'ordonnance d'institution prescrit de déposer en ses mains. — C'est là une double erreur !

Il y a fort peu de sociétés qui aient près d'elles un commissaire du roi, et dans ce cas même il remplit une sinécure plutôt qu'un emploi utile et sérieux. Comment veut-on, en effet, qu'un homme sans intérêt réel dans une affaire, prenne sur lui, au nom du bien public, de la guider, de la censurer, de contrarier sa marche? non, cela ne peut être, lorsque ceux-là mêmes qui sont chargés de tous ses intérêts, qui en connaissent à fond les ressources et le mécanisme, qui en portent la responsabilité et profitent de ses avantages, n'osent pas toujours se prononcer sur les mesures à prendre.

L'expérience nous démontre qu'en général l'application de la société *anonyme* aux entreprises industrielles n'a pas été heureuse : la nature de cette société, son caractère, le principe qui la domine, expliquent ce résultat. ELLE MANQUE D'UNITÉ DE VUES ET D'ACTION, sa forme convient parfaitement aux entreprises *passives*, comme les *assurances*, où il faut uniquement administrer et non agir ; mais les entreprises *actives*, qui ont besoin d'une impulsion énergique, continuelle, ne s'accommodent pas aussi bien de ce genre d'association.

Lorsque des sociétés anonymes ont périclité ou péri, le public, sans autre information, s'en prend au Gouvernement et à son peu de surveillance. Le public se trompe, mais en un sens, il a raison : il est induit à croire que le pouvoir doit répondre de la conduite des sociétés anonymes, puisqu'elles n'existent que par son autorisation. Il ne sait pas qu'après cette autorisation délivrée, le Gouvernement ne tient de la loi ni droit, ni moyen de surveillance ultérieure, qui autorise à l'accuser de l'abus des combinaisons qu'il avait examinées et approuvées parce qu'elles étaient suffisamment plausibles.

Où en seraient donc les associations commerciales, industrielles, si elles avaient à dépendre de la tutelle assidue de l'autorité qui aurait le contrôle et le droit de censure de tous les actes? qui exposerait ses capitaux? qui se chargerait de la conduite d'une entreprise s'il devait agir sous une influence extérieure, ou si une désapprobation officielle pouvait venir gêner ses mouvements? Tout cela est impossible, on ne saurait condamner ni la société à cette dépendance, ni l'autorité à cette intervention qui n'est pas faite pour elle, et à cette responsabilité qu'elle ne doit à personne. Le mineur commerçant est majeur pour ses actes de commerce ; la société commerçante ne peut vivre sous tutelle.

La Société *anonyme* n'ayant qu'une administration non permanente mais nécessairement élective, variable et révocable, l'unité des vues est loin d'y être assurée. Sans doute, là comme ailleurs, il se forme une *aristocratie*, un gouvernement des *meilleurs*. Ordinairement rééligibles, ils sont réélus, ou du moins la gestion roule entre un petit nombre, et l'uniformité de conduite s'établit bientôt si elle est recommandée par le succès. Mais où n'y a-t-il pas des dissentiments, de l'opposition, des jaloux, des esprits inquiets? Où, d'ailleurs, ceux qui ont pris l'habitude de diriger sont-ils toujours irréprochables, habiles, soigneux, toujours ménagers des droits, des intérêts, de l'amour-propre de ceux qui les nomment? D'ailleurs, le hasard des majorités dans les assemblées d'actionnaires qui n'ont aucun lien entr'eux, fait sans cesse dépendre la direction de résolutions imprévues. Enfin, il y a un proverbe fort connu qui se vérifie tous les jours, dans les sociétés anonymes plus qu'ailleurs : *l'affaire de tout le monde n'est l'affaire de personne.* Les fondateurs les plus zélés sont sujets à laisser aller bientôt tout à l'abandon pour rendre la préférence à leurs affaires privées.

Les garanties efficaces que l'on trouve dans la société *anonyme*, peuvent être obtenues dans la société en *commandite*, qui présentera toujours l'immense avantage d'une *responsabilité personnelle* et indéfinie, et, au besoin, l'application sévère de l'art. 405 du Code pénal servirait de sanction.

Intéressez les directeurs au succès de l'affaire ; *que leur bénéfice croisse en proportion de sa prospérité*, et vous pourrez vous confier avec pleine sécurité à l'intérêt individuel, qui ne manquera jamais alors de vigilance et deviendra plus clairvoyant dans la conduite d'une opération industrielle. Il ne faudra donc pas — comme on l'a vu — former l'émolument du gérant, d'un *tant pour cent* des recettes de l'entreprise, car il n'aurait plus alors d'intérêt (pécuniaire) à réaliser des économies administratives..... Le gérant aura un traitement fixe, d'un taux modéré, auquel s'ajoutera une fraction du dividende annuel ou produit net final de chaque exercice.

Surveillance de la Commandite.

La *commandite*, demande des gérants sérieux, des associés responsables qui, pour entreprendre une affaire réelle attirent vers eux des capitaux stériles, improductifs. Cette force d'attraction qu'exerce la société *libre* sur les plus faibles sommes, jointe à la garantie qu'implique la solidarité des chefs de l'entreprise, forme son caractère distinctif, et constitue son principal avantage. Des dispositions sociétaires bien combinées empêcheront facilement que la *gérance* soit une périlleuse fiction ; on peut aussi assurer aux actionnaires les moyens de surveillance nécessaires et leur attribuer l'exercice des droits qui leur appartiennent sur la gestion de leurs deniers. La défense que leur oppose l'art. 27 du Code de commerce, de *s'immiscer* dans la gestion, doit être restreinte dans de justes limites, et ne s'appliquer qu'aux relations de la société avec les tiers, et nullement à l'administration intérieure, aux relations entre les commandités et les commanditaires, par exemple, sous le rapport du contrôle et de la balance des comptes dans le courant ou à la fin de chaque *exercice*.

Tous les commanditaires qui se tiennent en dehors de l'action extérieure de la Société ne sont responsables que de leur mise ; tel est le principe fondamental de la commandite ; telles sont les traditions de la *coutume* commerciale.

« De droit commun, dit *Merlin* (Questions de droit, v° *Société*, § 111), l'associé en commandite n'est pas « moins fondé que l'associé en nom collectif à prendre connaissance des livres, registres et écritures de la « maison sociale. Il a même, comme lui, le droit de prendre part aux délibérations de la Société. »

Aussi « le Code n'interdit aux commandataires que les actes de gestion et non le concours aux délibéra-« tions de la Société ; cette limitation de la défense résulte non-seulement du texte, mais encore de ce qui « s'est passé lors de la discussion. En effet, la rédaction adoptée d'abord au Conseil d'État décidait que le « commanditaire *ne pourrait concourir ni être employé en aucune manière aux achats, ventes*, etc. *Le* « *Tribunal observa qu'un des droits du commanditaire est de participer aux délibérations générales de* « *la Société; et ces délibérations ont souvent pour objet ou d'en approuver les opérations, ou d'en au-* « *toriser les engagements, de sorte que, sous ce rapport, le commanditaire y concourt et doit y con-* « *courir, du moins par son consentement.* — Ces observations ont été adoptées par le Conseil d'État, et « l'on y a conformé la rédaction (1). »

Un avis du Conseil d'État du 29 avril 1809 rend cette vérité plus saillante encore. En effet, il y est dit formellement : « Que les art. 27 et 28 du Code de commerce ne sont applicables qu'aux actes que les asso-« ciés commanditaires feraient en représentant comme gérants la maison commanditée, même par procura-« tion (2). »

La loi ne les exclut donc pas des rapports que les gérants ont avec les tiers ; il leur est défendu de participer aux relations qui s'établiront entre la Société et ceux qui traiteront avec elle ; ils doivent, dit *M. Persil* fils, *rester toujours dans la coulisse*. Si la loi leur commande de demeurer inconnus aux tiers, elle leur conserve la faculté d'user de leur titre d'associé dans les relations intérieures, entre les membres de l'association.

M. Pardessus a parfaitement défini le caractère véritable de la prohibition que contient le Code de commerce ; voici ses paroles textuelles :

« On n'interdit au commanditaire que les actes de gestion et non le concours aux délibérations de la So-« ciété, même à celles qui auraient pour but, ou d'en approuver les opérations, ou d'en autoriser les enga-« gements, de sorte que le commanditaire a intérêt et droit d'y concourir. Tout ce qu'il faut, *c'est qu'il* « *n'agisse et ne traite jamais avec les tiers*, que ceux-ci ne soient pas fondés à induire de sa conduite « qu'il faisait les affaires de la Société ; qu'en un mot, le droit d'agir pour la Société n'appartient qu'aux « associés responsables et solidaires, sauf le droit du commanditaire contre eux, s'ils avaient enfreint « quelques conditions particulières de leur association. »

---

(1) LOCRÉ, *Esprit du Code de commerce*, art. 27.

(2) SIREY, IX, 2 — 381.

L'influence intérieure, le contrôle, la surveillance passive dérivent donc du contrat de la *commandite*, tel qu'il est réglé par la loi actuelle. On a eu tort de ne pas faire un usage plus fréquent, plus efficace de ce droit.

La *commandite par actions* est une véritable Société anonyme; soudée à une Société en nom collectif; les gérants, dont la responsabilité solidaire et indéfinie remplace la garantie de l'examen préalable du pacte social, agissent bien par eux-mêmes et en partie pour eux-mêmes, mais ils gèrent aussi la chose d'autrui et confondent dans leur personne les qualités de propriétaires et de commanditaires. L'acte de Société est la charte qui précise les limites et les conditions de leur mandat.

Toute entreprise sujette à des accidents imprévus, à la rencontre de fréquents obstacles, a besoin d'une main ferme et prompte, qui puisse à l'instant décider et appliquer le remède. Si ce remède et les moyens de l'administrer dépendent de délibérations; si celui qui gère ne peut se tourner aussitôt que la route tracée s'obstrue ou s'égare, il est difficile que les établissements prospèrent. L'œil et la main du maître ne se suppléent pas par le zèle d'un mandataire préoccupé des limites de son mandat. Les conséquences en ont été assez éprouvées sous nos yeux dans les sociétés anonymes fondées pour des exploitations industrielles.

En restreignant par trop l'autorité du chef légal de l'entreprise, de l'associé solidaire, on pourrait craindre de ne pas rencontrer d'hommes qui se décident à encourir une aussi grande responsabilité; d'un autre côté, en consacrant l'omnipotence indéfinie du gérant, on éloignerait les actionnaires. Si une mauvaise direction peut compromettre l'existence de la Société, d'autre part il ne faut pas non plus ouvrir un champ trop libre à l'esprit d'hostilité qui animerait certains actionnaires, aux cabales, aux surprises. L'unité d'impulsion, avantage précieux de la *commandite*, ne doit pas dégénérer en un vain mot. Mais si l'empire a marqué la Société en commandite d'un cachet de domination absolue, nous la ramenons à des principes plus conformes aux idées actuelles. Le pouvoir exécutif du gérant, illimité dans son exercice, sera limité dans son principe. Les actionnaires ne pourront pas individuellement s'immiscer dans la gestion; mais la *Société,* réunion de tous ces éléments épars, jouira d'une suprématie reconnue, et le *comité de surveillance, sans agir par lui-même, devra exercer un contrôle vigilant et non interrompu sur les actes de la gérance*, afin d'en faire rapport ou appel à l'assemblée générale.

Ainsi, nous ne voulons pas que le gérant soit un *Autocrate* au-dessus de tout contrôle.

Dans le *Titre X* des statuts de la Société des *Pyroscaphes*, onze articles organisent un *Comité de surveillance* et déterminent ses fonctions *obligatoires* et *facultatives*.

Article 76.

(Fonctions obligatoires.)

Les Commissaires ne pouvant prendre aucune part directe ni indirecte à la gestion, ils ont pour mission :

1° *De veiller à l'exécution des Statuts en se conformant aux prescriptions restrictives des articles 27 et 28 du Code de commerce;*

2° *De vérifier, à l'expiration de chaque trimestre, la situation des affaires de la Société, sur les livres, dans la caisse et dans le portefeuille de la gérance, et — par suite — de consigner la preuve de cet examen circonstancié, par visa ou autrement, sur les registres de la gérance;*

3° *De vérifier l'inventaire et le compte annuel, et d'en faire un rapport écrit à l'assemblée générale.*

(Fonctions facultatives.)

4° *De convoquer extraordinairement l'assemblée générale, en cas du décès du Gérant, ou d'infraction formelle aux Statuts de la Société.*

Ces attributions étant purement de surveillance n'emporteront, bien entendu, aucune responsabilité quelconque pour les commissaires, qui conserveront toujours leur qualité de commanditaires.

Article 77.

Chacun des trois commissaires recevra, à la fin de son examen de la comptabilité, chaque trimestre, un Jeton de cent francs, à titre d'indemnité de déplacement.

Nous avons appliqué à la *commandite*, avec les modifications convenables, tout ce qu'il y a d'avantageux dans la marche suivie par les Sociétés anonymes. L'exercice du droit des commanditaires, libre ainsi d'incertitudes, ne risquera plus de se voir déserté au détriment de la cause commune.

La société en *commandite pure*, telle qu'elle se pratiquait à une autre époque où les besoins économiques ne se manifestaient point avec la même énergie, où le concours de quelques hommes suffisent aux entreprises industrielles, n'offrirait aujourd'hui qu'un moyen d'action peu efficace. Les détenteurs des capitaux civils, faibles, disséminés, exigent, pour s'associer au commerce, qu'on leur donne, en échange de leur apport, des titres représentatifs d'une part d'intérêt, cessibles à volonté, et doués de la facilité de réalisation que possèdent les rentes sur l'Etat. Les *actions* offrent seules le moyen simple et commode de subdiviser le fonds social de manière à en mettre les fractions à la portée des plus humbles fortunes ; transmissibles à volonté, elles circulent sans entraves, aussi jouissent-elles d'une grande puissance d'attraction.

Ce qui a suffi naguère est insuffisant aujourd'hui ; de nouvelles exigences sociales ont évoqué des combinaisons plus variées, plus rapides, plus larges ; et quand on a voulu comprimer ce ressort progressif *(par le projet de loi de février* 1838), en donnant le passé pour règle à l'avenir, c'était de l'imprudence et de la folie. Les anciens errements ont forcément disparu ; car l'industrie a marché, elle se meut aujourd'hui dans une toute autre sphère ; essayer de l'asservir à des règles étroites, surannées, ce serait la priver d'air, ce serait l'étouffer.

Que dirait-on, si, sous le prétexte que le travail manuel suffisait jadis à des populations ignorantes, pauvres et disséminées, on prétendait briser nos machines, détruire nos chaudières à vapeur, ou bien si l'on proscrivait les chemins de fer, parce qu'ils n'existaient pas autre fois et qu'il est impossible de préciser les immenses conséquences qu'ils doivent produire ? *Les sociétés en commandite par actions*, sont les machines à vapeur, les chemins de fer de l'agrégation des capitaux ; acceptons-les avec reconnaissance comme l'une des plus précieuses conquêtes de l'industrie.

Nous pensons que les capitalistes nous sauront gré de leur avoir développé (comme nous venons de le faire) les motifs prépondérants qui nous ont déterminés à constituer l'entreprise des *Pyroscaphes de la Garonne* sous la forme de *société en commandite par actions* — avec *un comité* (RÉEL) *de surveillance*........

DES DEVOIRS DES ACTIONNAIRES.

On a souvent parlé des *droits* des actionnaires — on a eu raison, parce qu'il leur faut les plus complètes garanties — mais on a peut-être trop négligé de parler aux actionnaires de leurs *devoirs*. Voyez ce que fait le capitaliste qui veut acquérir un immeuble, soit de ville, soit de campagne, avec quel soin il examine et fait examiner par son notaire les titres de propriété ! Il ne s'en rapporte entièrement ni à son architecte, ni à son arpenteur. Il visite lui-même la maison de la cave au grenier ; il compte les arbres ; il analyse le sol. Rien ne lui échappe, et ce n'est qu'après un calcul longuement élaboré qu'il se détermine. Que fait au contraire le capitaliste qui, pour obtenir un plus fort intérêt de son argent, le place dans une opération industrielle ? De quoi s'informe-t-il ? du dividende promis : c'est là ce qui le décide. La bonté de l'affaire en elle-même, la capacité et la moralité du gérant : voilà ce qu'il ne se donne ni le temps, ni la peine d'examiner. Comme il arrive trop souvent qu'il n'entre dans une opération à son début que pour en sortir dès que ses actions auront atteint une prime, il s'informe seulement de l'habileté du fondateur à faire *mousser* sa spéculation. En agissant ainsi, principalement pour faire de l'agiotage et non de l'industrie sérieuse, les actionnaires eux-mêmes ont été les promoteurs des sinistres qui ont troublé, il y a quelques années, en France, le mouvement des entreprises sociétaires : l'actionnaire de 1836 qui a éprouvé des pertes doit dire son *meâ culpâ*......

Nous pensons que le capitaliste qui veut placer des fonds dans une industrie quelconque ne doit pas mettre moins de soins dans l'examen de cette industrie que l'acquéreur d'un immeuble dans celui de la maison ou du domaine qu'il veut acheter. Il doit s'informer avec certitude si cette industrie repose sur un besoin constant ; si l'opération s'appuie sur des bases rationnelles, honorables et utiles tout à la fois ; si les hommes qui doivent la diriger ont les connaissances spéciales qui peuvent préserver des fautes de l'inexpérience ; si le gérant, auquel il va confier ses capitaux, a donné des garanties d'intégrité ; si cet homme encore a lié sa fortune et son avenir à l'affaire dont la prospérité va dépendre de lui ; — c'est alors, seulement, quand tous ces points de sécurité seront résolus affirmativement, que notre capitaliste prudent pourra placer ses fonds dans l'affaire qu'il aura mûrement étudiée : et il les placera, non pour spéculer sur une plus-value dans le prix des actions, mais pour retirer de ses capitaux un revenu avantageux et sûr.

Un autre tort non moins grave des actionnaires est la négligence, et en quelque sorte l'abandon de leurs intérêts. Combien peu en voit-on s'occuper de l'affaire où ils ont mis des fonds ! On dirait que la crainte pusillanime de paraître participer à la gestion les empêche de la surveiller. *(Nous avons éclairci cette question de la surveillance de la commandite.)* Toucher les dividendes est pour la plupart des actionnaires leur seul devoir, comme leur seul droit. Nous croyons que cette coupable indifférence peut être souvent la principale cause de la ruine de bien des Sociétés. Le gérant, qui voit qu'aucune de ses opérations n'est soumise à un examen sévère, s'habitue à agir sans contrôle, et, sans aucun mauvais vouloir, peut compromettre plus ou moins les intérêts sociétaires. Nous avons assisté quelquefois à des réunions d'actionnaires, où se débattaient les plus graves intérêts des Sociétés. Eh bien ! c'est toujours à grand'peine, et après plusieurs convocations successives, que l'on parvient à réunir le nombre de voix nécessaires pour que les délibérations soient valables. Si l'affaire va bien, on croit sa présence inutile ; si elle va mal, on se dispense d'un conseil pénible : viennent seulement quelques brouillons qui crient et jettent l'alarme, ils ne savent qu'accuser et se plaindre. Le mal, ils le proclament ; le remède, ils se gardent bien de l'indiquer. Ce n'est plus seulement l'intérêt, c'est l'amour propre qui est en jeu. Au milieu de ces clameurs qui s'élèvent de tous côtés, la raison ne peut se faire entendre. Il en est de certains actionnaires comme de certains médecins qui veulent absolument que le malade qu'ils ont condamné ne puisse échapper à la mort......... Cette classe d'actionnaires est la plus fatale aux Sociétés ; ils commettent un véritable suicide.

Les commanditaires doivent toujours s'appliquer à faire un bon choix de Commissaires surveillants. Les bons commissaires ne sont pas moins rares que les bons gérants ; et nous voyons, lorsqu'il s'agit de leur nomination dans les assemblées générales, que chacun tâche d'échapper à un honneur qui est une corvée et quelquefois un désagrément. Il faut un dévoûment réel pour remplir consciencieusement ces pénibles devoirs — et cependant ils sont nécessaires.

Ainsi, examen sévère d'abord, surveillance éclairée ensuite, tels sont les devoirs d'un actionnaire. Si tous les comprenaient et les remplissaient, les affaires dignes d'intérêt et les hommes dignes de confiance trouveraient seuls des capitaux, et l'industrie serait la plus noble comme elle est la plus utile des spéculations.

FIN DES NOTES.

TABLE DES MATIÈRES.

1. Pyroscaphe, mot composé du grec πυρός (*Pyros*) Feu, et σκάφη (*skaphé*) Bateau, — Pyroskaphé : PYROSCAPHE, Bateau a-feu, ou mû par le feu.

2. Voyez la note de la page 41.

BORDEAUX. — IMPRIMERIE DE PROSPER FAYE, FOSSÉS DE L'INTENDANCE, 15.

PYROSCAPHES
DE LA GARONNE.

Société en Commandite par Actions,
pour le transport accéléré des voyageurs et des marchandises
entre

BORDEAUX ET TOULOUSE.

Engagement d'Actions.

Je soussigné
demeurant à
à   déclare m'intéresser pour   action
de cinq cent francs dans l'Entreprise des Pyroscaphes de la Garonne,
basée par Mr N. G. Mc Iuviray de la Rue comme Directeur gérant,
sur un marché passé par lui avec Mr Mc CB. Dietz, mécanicien et
A. Despin, constructeur, et sur les Statuts sociaux, en date du
20e avril 1843, dont nous avons une entière connaissance et auxquels nous adhérons.
Promettant de verser chez les Banquiers de la Société
le montant de la souscription ci-dessus écrite, dans le délai d'un
mois après l'assemblée générale qui aura reconnu la Constitution de
la Société selon l'art. 18 des Statuts.
à   le

(a) Mr Mc J. L. Marchand - Ladonnet Siebolde & Ce.

Messieurs

J. Le Marchand Ladenne Liebeldt & Cie

Banquiers

à Bordeaux

www.ingramcontent.com/pod-product-compliance
Lightning Source LLC
Chambersburg PA
CBHW050528210326
41520CB00012B/2491